历史的天空

历史上著名的文学家

历史的天空

历史上著名的文学家

张 杰 编著

吉林出版集团股份有限公司 | 全国百佳图书出版单位

◆ 前　言 ◆

　　古往今来，人类浩瀚如烟的历史长河里，留下了一个个鲜活的面孔，他们或博古通今，或运筹帷幄，或指点江山，或忠君爱国，或遭人唾弃……

　　他们铸就了历史的兴衰与荣辱，辉煌与悲怆。

　　几千年来的人类文明历史，因为有了这些著名的人物而变得丰富多彩，无论他们是正义抑或是邪恶的，都对历史车轮的前进留下了不可磨灭的印记。

　　英国哲学家弗朗西斯·培根曾经说过："读史使人明智。"历史蕴含着丰富的经验与真知。本套书不仅仅是让读者学习其中的历史知识，更是希望他们通过阅读这些著名人物的故事，在充分了解昨天的基础上，把握好今天，充实自己的头脑，获得丰富的人生启迪，创造出更加美好灿烂的明天。

　　本书精选了影响世界文化的二十几位作家，他们有的关注生活中的小人物，用文字反映他们的喜怒哀乐，有的用一个个激荡人心的故事反映了一个时代的变迁。

　　纵观此书，你可以会晤数百年来的文学巨匠，分享他们创作时的人生感悟，感受他们在遭受挫折时的沮丧与懊恼。

　　希望青少年读者们，阅读此书，不仅能了解这些文学家们的成长经历与有趣故事，更能够学习他们认准目标、百折不挠、甘于寂寞、淡泊名利的精神与品格，以开创自己成功的人生。

◆ 目 录 ◆

文艺复兴的先驱——但丁
流放生涯　　　　　　　　　　9
名著《神曲》　　　　　　　　12

"时代的灵魂"——莎士比亚
人生经历　　　　　　　　　　16
历史影响　　　　　　　　　　18

大磨难铸就大英才——曹雪芹
繁华与落魄　　　　　　　　　24
《红楼梦》　　　　　　　　　25

德国古典文学主要代表——歌德
文学理想　　　　　　　　　　30
给愚蠢的人让路　　　　　　　35

可与莎士比亚平起平坐——简·奥斯汀
理想与现实　　　　　　　　　36
小说的先河　　　　　　　　　38

反映小人物的生活——狄更斯
与时代同步　　　　　　　　　42
文字的价值　　　　　　　　　44

目　录

俄国文学之父——普希金
俄国诗歌的太阳　　　　　　　47
诗人之死　　　　　　　　　　49

现实主义的一代宗师——巴尔扎克
现实主义大师　　　　　　　　54
《人间喜剧》　　　　　　　　57

巴黎戏剧新帝王——大仲马
小说工厂厂长　　　　　　　　60
最骄傲的作品　　　　　　　　64

法兰西的莎士比亚——雨果
雨果与法国文学　　　　　　　66
雨果趣事　　　　　　　　　　70

最清醒的现实主义作家——托尔斯泰
矛盾的庄园主　　　　　　　　71
艺术成就　　　　　　　　　　74

美国文坛巨子——马克·吐温
行走的人生　　　　　　　　　78
旅行与文字　　　　　　　　　80

目 录

短篇小说巨匠——莫泊桑
四位老师　　　　　　84
写作生涯　　　　　　87

天竺"诗圣"——泰戈尔
诗意人生　　　　　　90
泰戈尔与中国　　　　92

一个民族英雄的呐喊——鲁迅
弃医从文　　　　　　97
文字的力量　　　　　100

意识流小说的代表——伍尔芙
生命的记忆　　　　　106
年轻的遗言　　　　　108

献给文学的生命——卡夫卡
荒诞小说　　　　　　112
卡夫卡的爱情　　　　116

人民艺术家——老舍
文学巨人　　　　　　119
"京味"小说　　　　　122

◆ 目 录 ◆

硬汉作家——海明威
战士作家　　　　　　　125
海明威的气度　　　　　130

日本新感觉派作家——川端康成
羸弱的人生　　　　　　132
日本的美　　　　　　　134

用爱与真写作——冰心
充满爱的一生　　　　　137
充满爱的文字　　　　　140

中国现代文学巨匠——巴金
写作热情　　　　　　　143
爱读书的巴金　　　　　147

中国戏剧的奠基人——曹禺
剧作大家　　　　　　　149
认真的曹禺　　　　　　153

魔幻现实主义文学代表——马尔克斯
文学之路　　　　　　　155
《百年孤独》　　　　　157

文艺复兴的先驱——但丁

但丁·阿利吉耶里是13世纪末14世纪初意大利著名诗人，现代意大利语的奠基者，欧洲文艺复兴时代的开拓人物之一。他被认为是意大利最伟大的诗人，也是西方最杰出的诗人之一，全世界最伟大的作家之一。

恩格斯曾这样评价他："封建的中世纪的终结和现代资本主义纪元的开端，是以一位大人物为标志的，这位人物就是意大利人但丁，他是中世纪的最后一位诗人，同时又是新时代的最初一位诗人。"

流放生涯

但丁出生在意大利佛罗伦萨的一个没落的贵族家庭。他的出生日期已无从可考，不过按他自己在诗中的说法，他"生在双子座下"，所以应该是5月下旬或6月上旬。

关于但丁的生平记录很少，他可能并没有受过正式教育，却从许多有名的朋友兼老师那里学习了不少东西，其中包括拉丁语、普罗旺斯语和音乐知识。年轻时，他可能做过骑士，甚至参加过几次战争。

当时的佛罗伦萨政界分为两派：一派是效忠神圣罗马帝国皇帝的齐伯林派；另一派是效忠教皇的盖尔非派。1266年后，由于教皇势力强盛，盖尔非派取得胜利，齐伯林派被放逐。1294年当选的教皇卜尼法斯八世想控制佛罗伦萨，一部分富裕市民希望城市的独立，

但丁

不愿意受制于教皇，分化成"白党"，而另一部分没落户则希望借助教皇的势力翻身，成为"黑党"。但丁的家族原来属于盖尔非派，可但丁强烈主张独立自由，因此成为白党的中坚力量，还被选为最高权力机关执行委员会的六位委员之一。

1301年，教皇特派法国国王的兄弟卡罗去佛罗伦萨"调节和平"，白党怀疑此行另有目的，派出以但丁为团长的代表团去说服教皇收回成命，但没有结果。果然，卡罗到佛罗伦萨后立即组织黑党屠杀反对派，控制佛罗伦萨，并宣布放逐但丁。从此，但丁再也没有能回到家乡。

但丁在被放逐时，曾在几个意大利城市居住，有记载他曾去过巴黎。他以写书立著排遣其乡愁，并将一生中的恩人、仇人都写入他的名作《神曲》中，对教皇揶揄嘲笑，并将自己一生单相

思的恋人,一个叫贝亚德的25岁就去世的美女,安排到天堂的最高境界。

　　1302年3月,但丁因为政治斗争被敌党判处终身流放。被流放之后,但丁穷困潦倒,甚至在出门的时候连条裤子都没有。他在《天堂》第17篇里写道"你将懂得别人家的面包是多么苦涩,别人家的楼梯是多么难以攀爬",从这里,人们就能够感受到他的贫穷,和他对贫穷的理解。这体现了但丁寄人篱下、心酸艰难的生活,贫穷而又无奈的他,唯一的安慰就是读书和写诗。一个在写作上有所建树的人,是不惧怕贫穷的。对于金钱,但丁有一套属于自己的精神胜利法。他在《天堂》第22篇里写道:"我所说的一对情人,就是方济各和贫穷。他们的和谐及快乐,他们的爱情及他们甜蜜地眉来眼去,这些都是神圣思想的起源。"方济各原为意大利一富商的儿子,早年创立教团,散其家财与贫民,凡团员都过着清贫的生活。但丁喻贫穷为一女人,与传教士方济各偷情。方济各乐于助人,对贫穷甘之如饴。但丁视方济各为圣人,可见

《神曲》

但丁对贫穷也是甘之如饴的。

敌对党判决但丁终身放逐的时候,曾宣布假使佛罗伦萨的土地有了但丁的影子,就要把他活活烧死。1315年,佛罗伦萨又传来消息,但丁只要肯付一笔罚金,再头上顶灰,颈下挂刀,游行街市一周,就可以返国。

高傲的但丁回信说:"这种方法不是我返国的路!要是损害了我但丁的名誉,那么我决不再踏上佛罗伦萨的土地!难道我在别处就不能享受日月星辰的光明吗?难道我不向佛罗伦萨市民卑躬屈膝,我就不能接触宝贵的真理吗?可以确定的是,我不愁没有面包吃!"

由于但丁最终拒绝采取这种方式回国,以至于在56岁时客死于异乡腊万纳,真可谓"贫贱不能移,威武不能屈"。流放中的但丁,因《神曲》而名垂青史,虽"不得志",但却做到了"独行其道"。

名著《神曲》

《神曲》是但丁于1307年到1313年创作的一首长诗。但丁以第一人称记述自己35岁时(人生的中途)误入一座黑暗的森林(象征罪恶),在一座小山脚下,有三只猛兽拦住去路,一只母狼(象征贪欲),一只狮子(象征野心),一只豹(象征逸乐),又一种说法是说它们分别象征教皇、法国国王和佛罗伦萨人。

他在呼救时出现了古罗马诗人维吉尔的灵魂,对他说:"你不能战胜这三只野兽,我指示你另一条路径。"带领他穿过地狱、炼狱,然后把他交给当年但丁单相思暗恋的情人贝亚德的灵魂,带他游历天堂,一直到见到上帝。

在经过地狱、炼狱、天堂的一路上,但丁和所遇到的有名的灵魂交谈,他将自己钦佩和厌恶的人物分别纳入各个部位,将教皇甚至他痛恨的一些佛罗伦萨人全部打入地狱。

《神曲》具有很高的艺术境界。但丁描写的地狱、炼狱和天堂,受到古典文学尤其是中世纪梦幻文学的启示和影响。但《神曲》不像中世纪文学作品那样粗糙庸俗、虚无缥缈,诗人以丰富的想象力,精深的神学、哲学修养和新颖的构思,为三个境界设计了严密的结构、清晰的层次。他把地狱、炼狱、天堂各分为九层,其中蕴含着深邃的道德含义。在描绘不同境界时,他采用不同的色彩。地狱是惩戒罪孽的境界,色调凄幽、阴森;炼狱是悔过和希望的境界,色彩转为恬淡、宁静;天堂是至善至美的

但丁

境界，笼罩在一片灿烂、辉煌之中。

《神曲》还是一座多姿多彩、形象鲜活的人物画廊。作为这部史诗的主人翁，但丁本人苦苦求索的品格和丰富的精神世界，刻画得最为细微、饱满。导师维吉尔在对但丁的关怀和教诲中，显示出父亲般和蔼、慈祥的性格。恋人贝亚德在对他的救助和鼓励中，显示出母亲般温柔、庄重的性格。但丁擅长在戏剧性的场面和行动中，以极其准确、简洁的语言，勾勒出人物外形和性格特征。恋人保罗与佛兰切丝卡对爱情的忠贞不渝，诗人勾画的贪婪、欺诈的教皇等人物，无不入木三分。

《神曲》以极其广阔的画面，通过对诗人幻游过程中遇到的上百个各种类型的人物的描写，反映出意大利从中世纪向近代

《神曲》插图

过渡转折时期的现实生活和各个领域发生的社会、政治变革,透露了新时代的新思想——人文主义的曙光。

《神曲》对中世纪政治、哲学、科学、神学、诗歌、绘画、文化,进行了艺术性的阐述和总结。因此,它不仅在思想性、艺术性上达到了时代的先进水平,是一座划时代的里程碑,而且是一部反映社会生活状况、传授知识的百科全书式的鸿篇巨制。

但丁的作品基本上是以意大利托斯卡纳方言写作的,对形成现代意大利语言以托斯卡纳方言为基础起了相当大的作用,因为除拉丁语作品外,古代意大利作品只有但丁是最早使用活的语言写作,他的作品对意大利文学语言的形成起了相当大的作用,所以也对文艺复兴运动起到了先行者的作用。

但丁年轻的时候,喜欢在他的家乡佛罗伦萨的广场上仰天枯坐。尤其是在仲夏之夜,他常常伴着满天的星斗坐到天明。这个孤独的青年诗人有着十分惊人的记忆力。

一天晚上,有个陌生人径直向但丁走去,躬下身说道:"久仰您的诗名,知道您是佛罗伦萨的骄傲。在下承诺回答一个问题,但苦于自己学识浅薄,无法解答,特请先生帮助。我要回答的问题是,世上最好吃的东西是什么?"

"鸡蛋。"但丁脱口而出说。那人点点头走了。

几年之后的某一天,但丁仍然坐在那个广场上仰望星空,还是那个陌生人走上前去,继续数年前的对话:"那么,如何烹调呢?"但丁看了来人一眼,不假思索地回答道:"放一点盐。"

"时代的灵魂"
——莎士比亚

莎士比亚是英国文艺复兴时期杰出的戏剧家和诗人,他的作品早已成为世界文学宝库中的无价之宝,飞越了英国国界,成为全世界人民的共同的宝贵财富。他虽然生活在几百年前,但直到现在仍受到世界各国许多读者的喜爱。几百年来,他的作品为世界各国人民传颂不辍,许多国家的许多著名演员不断地演出莎士比亚的戏剧,再现了莎剧中五光十色的人物与社会,赢得了亿万观众的赞叹。马克思称他为"人类最伟大的天才之一",他还被誉为"人类文学奥林匹克山上的宙斯"。

人生经历

威廉·莎士比亚出生于英国中部瓦维克郡的一个富裕的市民家庭,父亲还曾当过镇长。莎士比亚7岁的时候,被送到当地的一个文法学校念书。在那里,他掌握了写作的基本技巧与较丰富的知识。除此之外,他还学过拉丁语和希腊语。

在莎士比亚11岁时,伊丽莎白女王一世曾在大批随从的簇拥下巡行到英国中部。那宏大的场面,让他一生都迷恋于王者的超凡魅力。后来,由于父亲破产,他被父亲从学校接回。他当过肉店学徒,也曾在乡村学校教过书,还干过其他各种职业,这使他增长了许多社会阅历。

1586年,莎士比亚来到伦敦,当时戏剧正迅速地流行起来。他先在剧院做马夫、杂役等体力活。工作之余,莎士比亚悄悄地看舞台上的演出,还坚持自学了文学、历史、哲学等课程,并自修了希腊文和拉丁文。当剧团需要临时演员时,才华横溢的他终于得到了演配角的机会,并最终因出色的演技成为正式演员。

那时候,伦敦的剧团对剧本的需要非常迫切。莎士比亚就在坚持学习演技的同时,大量阅读各种书籍,了解自己祖国的历史和人民不幸的命运,他决定也尝试写些历史题材的剧本。

27岁那年,莎士比亚的历史剧《亨利六世》三部曲上演,受到观众的热烈欢迎。1595年,莎士比亚创作了一部悲剧《罗密欧与朱丽叶》,剧本上演后,观众像潮水一般涌向剧场去看这出戏,并被感动得流下了泪水。在这部剧本中,作家写出了自由

莎士比亚出生地

爱情的可贵，谴责了封建制度对爱情的迫害。

从1594年起，莎士比亚所属的剧团受到王公大臣的庇护，称为"宫内大臣剧团"。1599年，剧团建成了一个名叫环球剧院的剧场，他当了股东。不久，他的两个好友为了改革政治，发动叛乱，结果，一

莎士比亚像

个被送上绞刑架，另一个被投入监狱。莎士比亚悲愤不已，倾注全力写成剧本《哈姆雷特》，并亲自扮演其中的幽灵。

1603年，詹姆士一世继位，他的剧团改称"国王供奉剧团"，他和团中演员被任命为御前侍从，因此剧团除经常性地巡回演出外，也常常在宫廷中演出，莎士比亚创作的剧本蜚声社会各界。

莎士比亚在伦敦住了二十多年，而在此期间他的妻子仍一直待在斯特拉福。1612年左右，莎士比亚隐退回归故里斯特拉福。1616年4月23日，莎士比亚在故乡去世。

历史影响

莎士比亚的戏剧大多取材于旧有剧本、小说、编年史或民间传说，但在改写中注入了自己的思想，给旧题材赋予新颖、丰富、深刻的内容。在艺术表现上，他继承古代希腊罗马、中世纪英国和文艺复兴时期欧洲戏剧的三大传统并加以发展，从内容到形

式进行了创造性革新。

他的戏剧不受"三一律"束缚，突破悲剧、喜剧界限，努力反映生活的本来面目，深入探索人物内心奥秘，从而能够塑造出众多性格复杂多样、形象真实生动的人物典型，描绘了广阔的、五光十色的社会生活图景，并以其博大、深刻、富于诗意和哲理著称。莎剧中许多语句已成为现代英语中的成语、典故和格言。相对而言，他早期的剧作喜欢用华丽铿锵的词句，后来的成熟作品则显得更得心应手，既能用丰富多样的语言贴切而生动地表现不同人物的特色，又能用朴素自然的词句传达扣人心弦的感情和思想。

17世纪始，莎士比亚戏剧传入德、法、意、俄、北欧诸国，然后渐及美国乃至世界各地，他通过具有强大艺术力量的形象，从他的那些典型的，同时又具有鲜明个性的主人公的复杂的关系中，从他们的行动和矛盾中去揭示他们的性格。

莎士比亚故居

他的戏剧中放射出的强烈的人文主义思想光芒，以及卓越而大胆的艺术技巧，其意义早已超出了他的时代和国家的范围，对各国戏剧发展产生了巨大、深远的影响，并已成为世界文化发展、交流的重要纽带和灵感源泉。

莎士比亚对中国戏剧也有着广泛而深远的影响，19世纪中叶，莎士比亚的名字随着西方的传教士来到了中国。其后，清末人士提出了重视"悲剧"的主张，曾以莎士比亚悲剧艺术作为依据，全国各地先后演出了《威尼斯商人》《罗密欧与朱丽叶》《哈姆雷特》《李尔王》《奥赛罗》等13出莎剧。莎士比亚戏剧，为提高中国戏剧创作、剧场艺术及观众欣赏和知识水平，起到了良好的作用。

著名的戏剧家本·琼森说："他不只属于一个时代，而属于全世纪。"

莎士比亚虽然出生于商人家庭，可父亲在他13岁的时候就破产了，一家人的生活失去了依托。没办法，他只好中断学业，回家帮父母维持生意，做些家务。

在莎士比亚幼年时期，伦敦城里最有名的女王剧团曾经到斯特拉福镇演出过，而且此后每年都有几个剧团来这里演出。这些演出让莎士比亚惊奇地发现，在一个小小的舞台上，为数不多的几个演员竟能演出一幕幕变幻无穷的戏剧来：一会儿再现古代世界，一会儿描绘现实人生；有时候让人捧腹大笑，有时候催人泪下。这多么神奇，多么有趣！那时的他为自己定下了一个目标——长大后一定要从事戏剧事业。

他明白，要想实现目标，做一名优秀的戏剧家，就必须要有很丰富的知识。因此，他不仅开始"贪婪地"阅读哲学、文学、历史等方面的书籍,还自修希腊文和拉丁文。不到几年工夫,他已经是一个相当博学的人了。

有一天,莎士比亚突发奇想:要是能在戏院里谋个职业就好了。为了实现这个目标,他主动到戏院服务。日子长了,莎士比亚和看门人混熟了,看门人特许他从门缝里和小洞里窥看戏台

莎士比亚故居

上的演出。莎士比亚看的不仅仅是戏,他一边看还一边细心琢磨剧情和角色,为后来的戏剧创作打下了良好的基础。

后来,莎士比亚在一位很有名的演员的推荐下,来到剧团里演配角。为了演好戏,他经常深入底层社会,观察那些流浪汉、江湖艺人和乞丐,同自己周围的各种人谈心,学习他们的语言谈吐,熟悉他们的生活习惯,体会他们的思想感情。这样,他很快就成了一个十分活跃的演员。

当时,英国戏剧界的创作被一群受过高等教育的所谓的"大学才子"们垄断。可莎士比亚在他们面前并不自卑和怯懦。他用

一年多的时间写出了剧本《亨利六世》三部，一经公演，立刻引起了戏剧界的普遍注意。1595年，莎士比亚的里程碑式的剧本《罗密欧与朱丽叶》问世了，这确立了莎士比亚在世界文学史上的地位。

莎士比亚的作品能够从真实生活出发，深刻地反映了时代风貌和社会本质。他认为，戏剧"仿佛要给自然照一面镜子：给德行看一看自己的面貌，给荒唐看一看自己的姿态，给时代和社会看一看自己的形象和印记"。

莎士比亚像

大磨难铸就大英才——曹雪芹

曹雪芹,是我国清代著名文学家、小说家。他出身于官宦世家,从小受到良好的教育与熏陶,对金石、诗书、绘画、园林、中医、织补、工艺、饮食等情有独钟。

在家道中落后,曹雪芹又饱尝人世辛酸,可他却用坚韧不拔的毅力,历经多年艰辛创作出极具思想性、艺术性的伟大作品《红楼梦》。

曹雪芹塑像

繁华与落魄

曹雪芹出生于官宦之家,曾祖父曹玺任江宁织造,曾祖母孙氏是康熙帝小时候的乳母,生前诰封一品夫人。他的祖父曹寅,康熙帝的伴读和御前侍卫,后任江宁织造,兼任两淮巡盐监察御史,官居三品。他的父亲曹颙,也曾经以钦差的身份任江宁织造。他的一个姑姑,嫁给了清太祖努尔哈赤的八世孙、平郡王纳尔苏。所以,曹雪芹是名副其实的官二代。

不光是官二代,他还是富二代——曹玺、曹寅、曹颙祖孙三代以世袭的方式垄断江宁织造一职的时候,他们曹家是非常有钱的。曹雪芹出生后三天,正是久旱逢喜雨,他的父亲曹颙很高兴,就给他起名为"沾"。曹雪芹自幼就是在这"秦淮风月"之地的"繁华锦绣"之乡中长大的,少年时代过着富贵奢华的生活。

可到了雍正初年,由于封建统治阶级内部政治斗争的牵连,曹家遭受一系列打击。曹颙以"行为不端""骚扰驿站"和"亏空"罪名革职,

曹雪芹塑像

家产抄没。曹頫下狱治罪,"枷号"一年有余。这时,曹雪芹随着全家迁回北京居住。

由于家道中落,早期曹雪芹写书时,生活很是困苦,据说当时他生活在他的一个仆人家中,死时以一张草席裹尸。

经历了生活中的重大转折,曹雪芹深感世态炎凉,对封建社会有了更清醒、更深刻的认识。他蔑视权贵,远离官场,过着贫困如洗的艰难日子。晚年,曹雪芹移居北京西郊,生活更加穷苦,"满径蓬蒿""举家食粥"。这种天壤之别的生活变化,促使他对过去的经历进行了一番深刻而痛苦的回忆。

曹雪芹曾写道:"我也曾玉马金堂,我也曾瓦灶绳床,你笑我名门落拓,一腔惆怅,怎知我看透了天上人间世态炎凉!褴裳藏傲骨,愤世写群芳,字字皆血泪,十年不寻常!身前身后漫评量,今世看,真真切切,虚虚幻幻,悲悲啼啼的千古文章。"他以坚韧不拔的毅力,专心致志地从事《红楼梦》的写作和修订。乾隆二十八年,曹雪芹幼子夭亡,他陷于过度的忧伤和悲痛之中,卧床不起。到了这一年的除夕,终于因贫病无医而逝世,享年40岁。

《红楼梦》

《红楼梦》为我国古典四大名著之首,是中国小说史上一座不可超越的顶峰。《中国大百科全书》评价说,红楼梦的价值怎么估计都不为过。《大英百科》评价说,《红楼梦》的价值等于一整个的欧洲。有评论家这样说,几千年中国文学史中,假如我们只有一部《红楼梦》,它的光辉也足以照亮古今中外。

《红楼梦》写成于清朝乾隆帝中期,以贾宝玉、林黛玉和薛宝钗的爱情悲剧为主线,通过对"贾、史、王、薛"四大家族荣衰的

曹雪芹塑像

描写,展示了广阔的社会生活视野,森罗万象,囊括了多姿多彩的世俗人情,极其真实、生动地描写了十八世纪上半叶中国封建社会末期的全部生活,是这段历史生活的一面镜子和缩影。人们称《红楼梦》内蕴藏着一个时代的历史容量,是封建末世的百科全书。可惜的是,由于当时社会环境和手抄流传,《红楼梦》仅保存80回,虽现版本很多,但通行本后40回为高鹗续。

曹雪芹根据自己"半世亲见亲闻来创作",把自己观察、体验到的丰富的社会生活进行了高度的加工、提炼,在广阔的社会背景下,用特定的艺术环境,以精雕细琢的工夫,把那些性别相同且年龄、性格又十分相近的人物间的细微性格差别一一描绘出来,妙玉的孤高和黛玉的孤高不同,史湘云的豪爽和尤三姐的豪爽有别,平儿的温顺中透露出善良,袭人的温顺中表现出世故,凤姐的泼辣中暗藏着狡诈,探春的泼辣中体现着严正……这些人物无一不成为文学史上的经典形象。

《红楼梦》的语言成熟、优美,其特点是简洁而纯净,准确而传神,朴素而多彩,达到了炉火纯青的境界。小说中那些写景状物的语言,绘色绘声,使读者仿佛身临其境。宝钗扑蝶、黛玉葬花、晴雯补裘、湘云醉卧芍药裀等,全然是一幅幅美丽的图画,在这些画面里,人物的神态也得到了充分表现。

《红楼梦》中的诗词能和人物、故事紧紧融合在一起,它们被熔铸在整个艺术形象中,从而对人物性格的塑造,起了相当重要的作用。

在林黛玉的《葬花词》《秋窗风雨夕》和《柳絮词》中,出色地表现了这个少女的多愁善感和孤芳自赏。薛宝钗的《柳絮词》表面上是温柔敦厚,骨子里却野心勃勃。这正是这个封建淑女的心理写照。在贾宝玉的《芙蓉女儿诔》中反映了他和封建环境对抗的精神,从而表现了他坚强不屈的叛逆性格。

《红楼梦》在艺术结构方面所取得的成就也是非常突出的,在它之前的长篇小说以《三国演义》的结构为最完整。但《红楼梦》比起《三国演义》来显得更宏伟、更严密、更完整。小说为了表现十分复杂的社会生活及服从作品中矛盾斗争和人物性格发展的要求,全书以贾宝玉和林黛玉的爱情和贾府的由盛而衰为线索,把众多人物和复杂、纷繁的事件组织在一起,这些人物、事件交错发展,彼此制约,构成了一个巨大的艺术结构。这个结构的内部百面贯通,筋络相连,纵横交错,但又主次分明,有条不紊,它使我们感到生活的河流在那里波澜壮阔、汹涌澎湃地前进!

说完曹雪芹和《红楼梦》,还有一个重要的话题就是《废艺斋集稿》。原来,文学巨匠曹雪芹在增删五次、披阅十载的《红楼梦》之外,另有著作《废艺斋集稿》。

《废艺斋集稿》的故事说来有趣,这是曹雪芹的一部记载传统工艺技术的著作。书中详细记载了金石、风筝、编织、印染、烹调、园林设计等八项工艺流程。在这部书中,曹雪芹讲金石图章,讲风筝的扎、糊、绘、放"四艺",讲编织工艺,讲脱胎技艺,讲织补和染织,讲雕刻竹制品和扇股及宫灯、彩扎、宫扇的制作,讲园林建筑艺术,讲饮食烹调。无论讲什么,他都如庖丁解牛,信手拈来,游刃有余。

《废艺斋集稿》让我们惊叹,曹雪芹是一部活生生的"百科全书"、一个万能的艺匠。在《蔽芾馆鉴金石印章集》中,他讲印章如何选料、制钮、冶铸、刻边款,讲章法、讲刀锋、讲技巧等。

实际上,这部著作的意义更在于,他为谁写,写作的目的是什么。曹雪芹这部书是写给那些贫苦的残疾人的。第二、三、四册,大多是为盲人写的。例如,编制工艺中有各种图案花纹,曹大师按编织程序写成有韵的歌诀,词句有些类似棋谱的术语。玩文字是大师的绝技,这些歌诀文字平易,通俗顺口,好读好记。

看过《红楼梦》,我们知道曹雪芹一定会吃、会品、会咂摸味儿,不管是苦辣酸咸之味,还是味外之味——中国艺术窅眇、深邃的意境。但是我们不知道,大师还真是庖厨高手。他不仅会品尝那些珍馐佳肴,还会动手做。

书中第八册名为《斯园膏脂摘录》。曹雪芹在这册书中大讲烹调方法,俨然一副超级大厨的样子。其中,还介绍一些菜式制作,还有一些有关制酱、腌、薰、酵、炙及调料、香料、小食品的制作方法等,又像是农家主妇。曹雪芹制糕也是行家里手,西山故事里就有曹雪芹做"曹米糕""曹米砖"的故事,俗称"曹糕"是也。

另外,曹雪芹在织补和染织方面的知识,也十分了得。不过这方面恐怕是曹雪芹的童子功。曹家久任江宁织造,曹雪芹早在童年时代就耳濡目染,心领神会。

曹雪芹纪念馆碑

德国古典文学主要代表
——歌德

作为诗人、自然科学家、文艺理论家和政治人物,约翰·沃尔夫冈·冯·歌德是魏玛的古典主义著名的代表。而作为诗歌、戏剧和散文作品的创作者,他是德国伟大的作家之一,也是世界文学领域的一个出类拔萃的光辉人物。

文学理想

歌德出生于德国法兰克福,父亲是帝国议会的成员,母亲是法兰克福市长的女儿。小时候,父亲是严厉的、严肃的。而母亲则用不同于父亲的那种温柔、体贴的母爱安抚、保护、激励着歌德,引导他对学习的兴趣,并竭力培养歌德掌握对于文学的正确理解能力。

母亲常常为歌德讲述各种各样有趣的故事。母亲的语言表达能力很强,言辞新奇而丰富,歌德常听得如醉如痴。也许正是传承了母亲的这种才能,歌德成年以后母亲仍是跟他像朋友般共同探讨问题。

歌德16岁的时候遵从父亲的意愿去莱比锡大学读法律,但他对文学和艺术更感兴趣。

他前后结交了一批年轻而富有叛逆精神的青年作家,在他们的影响下,歌德的创作第一次突破个人生活和感情的狭小范围,增加了强烈的时代色彩。他一时成为要求感情自由和个性解放的狂飙突进的旗手。他的剧本《铁手骑士葛茨·封·贝利欣根》塑造了一个以暴力反抗现存秩序的"最高尚的德国人",被誉为狂飙突进运动的第一个重要文学成果。他的书信体小说《少年维特之烦恼》一经出版就引起巨大轰动,使年仅25岁的歌德成为当时全欧洲享有盛誉的作家。

1776年6月,歌德正式就任魏玛宫廷的枢密顾问,负责公国外交、军事、财税、林业、矿业、水利交通,甚至要过问宫中游乐活动的安排。工作中无聊的琐事和应酬耗费了他不少时间和精力,对他

歌德与席勒塑像

的文学创作也产生了很大影响,作品比以前少了许多。但在这一时期,歌德丰富了人生阅历,使他这个青年市民不但深刻认识了宫廷和贵族社会,更多地了解了民间的疾苦,而且为他日后创作《浮士德》积累了重要素材。

1786年,歌德厌倦了十年的从政生涯,悄然前往意大利旅行两年。他重新找到了作为诗人的自我,又变得大胆而充满朝气。几年后,歌德与席勒相识,并结下亲密的友谊,这使两位作家的创作和思想得以互相促进,造就了德国文学古典时期十年的辉煌。在席勒的鼓励和督促下,歌德把大量花在自然科学研究上的时间和精力重新集中于文学创作,终于完成了早在大学时期就开始创作的不朽诗剧《浮士德》。

可惜,这份友谊于席勒在1805年去世而终结。歌德感到十分悲痛,称自己失去了"生命的一半"。歌德在相当长的一段时间里没有心思做任何事,并且表示要与好友同穴而葬。

在歌德逝世前不久,他完成了《浮士德》第二部的创作。1832年3月22日,歌德病逝。

就人生境遇而言,歌德和席勒始终有很大的差距,歌德生于特权家族,25岁时他便写出了轰动欧洲的中篇小说《少年维特之烦恼》,并曾担任魏玛公国要职主持大政,可谓声名显赫,才华横溢。而比歌德小10岁的席勒出生于一个贫困家庭,生活时时陷入窘迫。

1793年,席勒主持出版文艺杂志《季节女神》,在网罗了一批名家作品后,他再三向歌德约稿,却被拒绝。因为当时44岁的歌德已是大师级的人物,而席勒只是一个默默无闻的后辈。

可席勒并没有因此放弃,1794年8月23日,他给歌德写了一封热情洋溢的信。在这封信中,席勒对歌德表现出同时代人难以企及的深刻理解,终于让歌德感到遇到了一个知己。歌德从那封信中感到自己所缺少的理性,感觉自己需要接受席勒的思想。

从此,年长成熟的歌德给了席勒安定的呵护,而年轻激越的席勒给了歌德新的创作热情,还使他完成了《浮士德》第一部。

10年后,席勒病逝,由于家境贫困,他的遗体被家属安置在一家教堂的地下室。因为歌德当时也重病在榻,无力了解详情。直到20年后,人们在清理教堂地下室时才发现席勒的遗骨已经混杂在几十具骷髅之中。

没有明确的标记,哪一具才是席勒的呢?年近70岁的歌德捧起颅骨长时间对视,就像当年他们在一起秉烛夜谈时一样。就这样,他竟凭着20年前对好友的记忆,辨认出了席勒的骨骸。为了能和知己朝夕陪伴,他把席勒的颅骨捧回家中安放。

1829年,当时已经80岁高龄的歌德

歌德像

亲自挑选墓地，设计墓穴，为席勒主持殓尸重葬仪式。三年后，歌德去世，按照他的遗愿，被安葬在席勒旁边。从此，一对好友生死相依的真挚友情化为千古流传的永恒。

谁知在一百多年后的"二战"期间，席勒的馆柩被保护性转移。可当战争结束后，人们发现馆柩里又多了一颗颅骨——人们推测，

歌德塑像

是当初转移时工作人员手忙脚乱造成的差错。那么，哪一个是席勒的呢？世上已无歌德，谁能辨认？

此外，歌德本身还是一位具有相当造诣的风景画家。只不过，他在绘画方面的成就被文学和戏剧的成就所掩盖了，世人对他的绘画世界所知甚少。

歌德从小就在父亲专门为他请来的画师指导下，学习绘画。他在自传里说："我从童年起就生活在画家中间，我习惯于像他们那样，把景物与艺术联系在一起看。"他酷爱大自然，因此所画多为自然风景。他认为，一幅好的画，"要在画上不只看见所画的东西，而且还可以看见自己当时的思想感情"。为此，他经常用画笔去摹写所见到的美丽风景，"绘画成了留给我仅有的表现自己

的方式,于是我用同样多的固执,甚至带着沮丧,越来越热切地继续我的工作,而这同时我看到自己做出的成绩却更微不足道。"

他一生画了各种风格的画作有 2 700 幅之多。这个数量及他的若干画作的艺术品位,一点也不比有的职业画家逊色。

给愚蠢的人让路

歌德是德国历史上伟大的作家之一,可在他生活的那个时代,还是有人对他和他的作品怀有成见。

一天,歌德在魏玛公园里散步。在一条人行道上,歌德迎面遇见了一位对他的作品提过尖锐的、带有挖苦性批评的批评家。两人面对面地停住,那位批评家蛮横地喊道:"让开,我从来也不给愚蠢的人让路。"

歌德则笑容满面地让到一边,对这位批评家说:"而我正相反!"

那位批评家走过去以后更加气急败坏了,可他半天也没有说出一句话。

歌德像纪念章

可与莎士比亚平起平坐
——简·奥斯汀

简·奥斯汀是英国著名女性小说家，她的作品主要关注乡绅家庭女性的婚姻和生活，以女性特有的细致入微的观察力和活泼风趣的文字真实地描绘了她周围的小天地。虽然其作品反映的广度和深度有限，但她的作品如"两寸牙雕"，从一个小窗口中窥视到整个社会形态和人情世故，对改变当时小说创作中的庸俗风气起到了良好的作用，在英国小说的发展史上有承上启下的意义，被誉为地位"可与莎士比亚平起平坐"的作家。

理想与现实

简·奥斯汀出生在英国汉普郡，父亲不仅是个有才学又受人尊敬的牧师，还是一位掌管一个教区财产和税收的教区长；母亲是个有良好家庭背景、能文善字的女性。

尽管当时的英国社会对女孩主要强调宗教和道德教育，可简·奥斯汀和她姐姐卡桑德拉却从小受到了良好的家庭教育熏陶。在英国宁静的乡村，他们一家人过着简朴的生活。从事各种家务活是他们生活的中心,探亲访友、参加舞会、写诗作赋是他们的消遣。父亲去世后,全家搬到另一个郡,靠父亲留下的微薄的遗产和兄弟的帮助,才得以维持生活。

在当时的英国社会,女人要想富足,出路有两条,或者得到一笔遗产,或者嫁给富有的丈夫。十八、十九世纪的英国是个高出生率、高死亡率的国家。一对夫妻生七八个甚至十几个孩子非常普遍。但由于死亡率高,因此一个有钱的人死前子女全无,突然想起早已没什么联系的侄子侄女,并把遗产留给他或她,这种事情也是很常见的。可大多数人并没有什么突然出现的富裕的亲戚,于是绝大多数女人选择了为生活、为财产而结婚。

无论是简·奥斯汀,还是卡桑德拉,她们都没得到什么遗产

简·奥斯汀塑像

来改变自己的命运,那么剩下的一条出路就是嫁个有钱的丈夫。可才貌双全的简·奥斯汀终生未嫁。年轻时的她,才智过人,也不乏魅力。据考证,她的追随者虽然不少,可惜追随者有的英年早逝,有的不是比她太大就是太小,有的相貌丑陋,有的虽出身高贵但却是无钱财的"精神贵族"。

像小说中达西先生那样年轻富有、高雅智慧、风流倜傥的男人实在太少了,而且就算是有,也轮不到寒酸的小姐妹头上。到了27岁,她拒绝了最后一个求婚者——一位身材高大,极为富有,心地也算善良的乡村财主——只因他举止粗俗,在聪明才智方面无法与自己相比。

简·奥斯汀一共写了六部小说,其中五部是关于年轻人婚姻及他们的感情纠葛的,可见爱情、婚姻在她的头脑中占有多么重要的地位。她渴望爱情却得不到,只好在书中求得实现与满足,在生活中则给爱情以苦涩的对待。

小说的先河

简·奥斯汀出身清贫、地位卑微,甚至一生只到过伦敦两次。她的作品所涉及的面并不宏伟,内容也不过是五六户中产阶级或绅士人家的一些生活侧面,几对青年男女的感情纠葛或婚姻嫁娶。可她却凭着有限的素材,狭窄的空间和简单的主题,在短短的一生中写下了六部精彩的小说。

读简·奥斯汀的小说,读者可以充分领略作者那敏锐的洞察力,以及象牙雕刻般的细腻。这些作品重点刻画了女人的爱、年轻人的烦恼与欢乐、男人和女人感情与理智的冲突;尖锐又不乏善意地讥讽了当时中产阶级一些人的虚荣、虚伪、肤浅、悭吝，以及人们的愚蠢和错误所带来的悲哀与懊悔。她的作品，表面看来不是在说教，而是为人们提供娱乐，提供饭后茶余的谈资和笑柄。但谈过笑过之后，得到的是却是无穷无尽的启迪。

她的小说，故事情节谈不上跌宕起伏，但丝丝入扣，不断泛漾着"茶杯里的风波"；充满了趣味横生的对话，书中人物也相貌各异，性格鲜明。而这一切，充分反映了女作家的才华、睿智、机警、幽默与风雅。

简·奥斯汀像

直到18世纪末，小说在英国文学中只占极其次要的地位，甚至不被视为文学，就连阅读小说也被看成是手艺人和女人们的消遣方式。简·奥斯汀的小说开辟了英国现实主义小说的先河，她的作品开始以现实中的人为主角，真实描写了当时活生生的社会。

在她的小说中，人们还能感受当时尚未受到资本主义工业革命冲击的英国乡村中产阶级的日常生活和田园风光。

简·奥斯汀的小说一扫风行一时的假浪漫主义潮流，继承和发展了英国18世纪优秀的现实主义传统，为19世纪现实主义小说的高潮做了准备，因此被誉为地位"可与莎士比亚平起平坐"的作家。

简·奥斯汀在世时，英国由摄政王统治。1820年老国王去世，摄政王即位，即乔治四世。据说，乔治四世非常喜欢简·奥斯汀的作品，而且在每个住处都存有一套。他还写过一封信给简·奥斯汀，表示了自己的钦佩并希望她能把下一部作品献给自己。简·奥斯汀在一封信里说："对亲王的感谢，我感到荣幸。"同时，也多少有点违心地写了《爱玛》书前的那篇献词。

据记载，摄政王藏书室的负责人曾建议简·奥斯汀写题材大一些的作品。可简·奥斯汀在回信中说："我不写传奇。我必须保持自己的风格，继续走自己的路，虽然在这条路上我可能永不会再获成功。我却相信在别的路上我将彻底失败。"

简·奥斯汀曾跟家里的亲戚表示，她自己能做的只是"写乡野的几户人家""在一小块（两英寸宽的）象牙上……用一支细细的画笔轻描慢绘"。

今天的人们庆幸简·奥斯汀当时并没有采纳那样的建议。而且她也不纯粹是"为小题材而小题材"，她也能做到小中见大。她在作品中，到处都有对妇女问题、恋爱问题、婚姻问题的关注，并且探讨了社会在这些方面的谬误与偏见，从而揭示了人性中的一些弱点。探讨人性，这难道能说是在写微不足道的小题材吗？

反映小人物的生活——狄更斯

狄更斯生活在正处于大变革时期的英国，当时的工业革命改变了社会的生产生活方式，也改变了人们的思想观念。狄更斯用他的眼睛看到了这种变化，并在他的小说中评价道"这是最坏的时代，也是最好的时代；是愚蠢的时代，也是智慧的时代；是绝望的时代，也是充满希望的时代。"于是，狄更斯将他的目光关注在当时生活在英国社会底层的"小人物"的生活遭遇，深

狄更斯

刻地反映了当时英国复杂的社会现实,为英国批判现实主义文学的开拓和发展做出了卓越的贡献,也对英国文学的发展产生了深远的影响。

与时代同步

查尔斯·狄更斯出生于英国的一个小康之家,小时候还曾在一所私立学校接受过一段时间的教育。可由于父母缺乏经济头脑,在花钱上没有节制,经常入不敷出。在他12岁时,狄更斯的父亲就因债务问题而入狱。于是,狄更斯此后的学业也变得断断续续。他曾被送到伦敦一家鞋油场当学徒,每天工作10个小时。或许是由于这段经历,备尝艰辛、屈辱,看尽人情冷暖,使得狄更斯的作品更关注底层社会劳动人民的生活状态。

后来,父亲由于继承了一笔遗产而令家庭经济状况有所好转,狄更斯也才有机会重新回到学校。15岁时,狄更斯从威灵顿学院毕业,随后进入一家律师行工作,后来又转入报馆,成为一名报道国会辩论的记者。

1836年,狄更斯发表了《鲍兹随笔》,这是一部描写伦敦街头巷尾日常

狄更斯

生活的特写集。同年,陆续发表连载小说《匹克威克外传》,随即引起轰动。

狄更斯生活和创作的时间,正好是19世纪中叶维多利亚女王时代前期,所以狄更斯毕生的活动和创作始终与时代潮流同步。他的作品主要用写实的笔法揭露了社会上层和资产阶级的虚伪、贪婪,满怀激愤和深切的同情展示底层社会,特别是妇女、儿童和老人的悲惨处境,并以严肃、慎重的态度描写开始觉醒的劳苦大众的抗争。与此同时,狄更斯还以理想主义和浪漫主义的豪情讴歌人性中的真、善、美,憧憬更合理的社会和更美好的人生。

狄更斯早期的小说,气势宏伟,通俗流畅,幽默泼辣而又充满感伤情调,其中对社会的揭露批判,一般只限于局部的制度和领域。从《当贝父子》以后,狄更斯的创作更为成熟,体现了作家对人类社会前途的忧患感。狄更斯的重要代表作《大卫·科波菲尔》进一步探索人生的奋斗历程,具有自传性,是反映19世纪中叶英国中下层社会的长幅画卷。主人公大卫是当时社会中为善良而奋斗、坚持正义的中产阶级青年的楷模。《荒凉山庄》《艰难时世》《小杜丽》是三部政治意识很强的重头作品。《荒凉山庄》以错综复杂的情节,揭露英国法律制度和司法机构的黑暗;《艰难时世》直接描写罢工斗争,是对英国宪章运动的策应;《小杜丽》详尽描绘了负债人的监狱生活,同时也更为深入地揭露了英国官僚制度和机构的冗繁、腐朽。

狄更斯一生共创作了14部长篇小说,许多中、短篇小说和杂文、游记、戏剧、小品。其中,最著名的作品是描写劳资矛盾的长篇代表作《艰难时世》和描写1789年法国大革命的另一篇

代表作《双城记》。前者展示了工业资本家对工人的残酷剥削和压迫,描写了工人阶级的团结斗争,并批判了为资本家剥削辩护的自由竞争原则和功利主义学说。后者以法国贵族的荒淫残暴、人民群众的重重苦难和法国大革命的历史威力,来影射当时的英国社会现实,预示这场"可怕的大火"也将在英国重演。其他作品有《雾都孤儿》《老古玩店》《董贝父子》和《远大前程》等。

1870年6月,狄更斯在写作《德鲁得疑案》中突发中风去世。

文字的价值

狄更斯有一位朋友叫詹姆·堂森。一天,詹姆·堂森来见狄更斯,说:"先生,求您帮帮我吧,我的爸爸生病了,我向理查德借了5 000英镑,他让我一周之内还他,否则就抓我进监狱,可是我现在根本弄不到钱。"狄更斯边安慰好朋友,边问他:"理查德是谁?""他是我的老板,一个大商人。"狄更斯说:"你能讲讲理查德的身世吗?"于是,詹姆·堂森就把他所知道的理查德的罪恶发迹史告诉了狄更斯。

伦敦夜景

狄更斯想了一会说："这是一部很好的小说素材,我用 5 000 英镑买下了,你明天让理查德来我这取钱吧。"

第二天,理查德高兴地来找狄更斯,进门就问："听说你替詹姆·堂森还债了？""是的。""那么钱在哪儿,该不是你的房子吧？""当然,比房子小多了,是我手里这支笔。"理查德吃了一惊,他听说过狄更斯的大名。他苦笑着对狄更斯说："先生,您的 5 000 英镑在哪家银行,您写上我自己去取。""理查德先生,今天我请你来,是我对你的动人的、富有传奇色彩的发家史产生了兴趣,想请你谈谈成为巨富的经过,我决定把它写成一部小说,这样 5 000 英镑很快就装进你的衣袋里。"

理查德一听就害怕了,他非常清楚,自己的丑恶之事一旦公之于

狄更斯

世,那会导致什么后果。于是他连忙对狄更斯说："尊敬的先生,今天认识您,这价值已远远超过了 5 000 英镑的价值,詹姆·堂森的债就一笔勾销吧,只求先生不必再写我了。"狄更斯笑了笑说："好吧,我把这部书的写作权以 5 000 英镑卖给你……"

一天,狄更斯坐在江边垂钓,一个陌生人走到他面前问

他:"怎么,您在钓鱼?"

"是啊,"狄更斯随口回答,"今天运气真糟,这时候了,还不见一条呢。可是昨天也是在这里,我钓了15条呢!"

"是这样吗?"那人说,"可是您知道我是谁吗?我是专门管这段江面的,这儿禁止钓鱼!"说着,他从口袋里掏出发票本,要记名罚款。

狄更斯连忙反问:"您知道我是谁吗?我是专门负责虚构故事的,虚构故事是作家的事业,所以不能罚我的款!"陌生人一听,立刻无话可说,放他走了。

狄更斯

有史学家说,狄更斯体现了英国人的核心精神,一种发自内心的快乐和满足。但狄更斯身上还有英国人的另一种精神,一种自觉的反思和批判精神。他为弱势群体代言,追求社会正义,探寻能使人类和谐相处的核心价值,叩问世界首富之国的良心。

狄更斯的文学成就对世界文学的影响是巨大的。他的作品很早就被介绍到中国,受到广大读者的喜爱。狄更斯在创作中表现的人道主义与社会批判精神,以及艺术技巧,对中国现代小说创作有很大的影响。

俄国文学之父——普希金

亚历山大·谢尔盖耶维奇·普希金是俄国著名的文学家,伟大的诗人、小说家,现代俄国文学的创始人。他的作品代表了19世纪俄国浪漫主义文学的高度,同时也为现实主义文学奠定了基础,他被誉为"俄国文学之父"。他创立了俄国民族文学和文学语言,因此被高尔基誉为"一切开端的开端"。

俄国诗歌的太阳

普希金出生于莫斯科一个家道中落的贵族家庭。童年时代,他由法国家庭教师管教,接受了贵族教育,8岁时就可以用法语写诗。他的家中藏书丰富,农奴出身的保姆还常常给他讲述俄罗斯的民间故事和传说,这些都使他从小就领略了丰富的俄罗斯语言,并对创作产生了浓厚的兴趣。

在1815年的中学考试中,他朗诵了自己创作的"皇村怀古",表现出了卓越的诗歌写作才能,特别是他诗作韵文的优美和精巧得到了广泛的赞赏。普希金毕业后到彼得堡外交部供职,在此期间，他深深地被十二月党人及其民主自由思想所感染，参与了与十二月党人秘密组织有联系的文学团体"绿灯社"，创作了许多反对农奴制、讴歌自由的诗歌。普希金在诗中运用了生动的民间语言，从内容到形式都不同于古典主义诗歌，向贵族传统文学提出挑战。

普希金的这些作品引起了沙皇政府的不安，1820年他被外派到俄国南部任职。在此期间，他追求自由的思想更明确、强烈了，人们在他于这段时间内创作的诗中，很容易就能感受到诗人对自由的强烈憧憬。

普希金

1826年，沙皇尼古拉一世登基，为了笼络人心，他表面上把普希金召回莫斯科，但私下里仍派沙皇警察进行秘密监视。就这样，普希金对于新沙皇抱有的一点幻想也很快破灭，于是创作政治抒情诗《致西伯利亚的囚徒》，表达自己对十二月党人理想的忠贞不渝。

1830年秋，普希金在他父亲的领地度过了三个月，这是他一生创作的丰收时期，在文学史上被称为"波尔金诺的秋天"。他完成了自1823年开始动笔的诗体小说《叶甫盖尼·奥涅金》，塑造了俄罗斯文学中第一个"多余人"的形象,这成为他最重要的作品。还写了《别尔金小说集》和四部诗体小说《吝啬的骑士》《莫扎特与沙莱里》《瘟疫流行时的宴会》《石客》,以及近30首抒情诗。《别尔金小说集》中的《驿站长》一篇是俄罗斯短篇小说的典范,开启塑造"小人物"的传统,他的现实主义创作炉火纯青。

1831年普希金迁居彼得堡,仍然在外交部供职。他继续创作了许多作品,主要有叙事长诗《青铜骑士》(1833)、童话诗《渔夫和金鱼的故事》(1833)、短篇小说《黑桃皇后》(1834)等。他还写了两部有关农民问题的小说《杜布洛夫斯基》(1832—1833)、《上尉的女儿》(1836)。

1836年普希金创办了文学杂志《现代人》。该刊物后来由别林斯基、涅克拉索夫、车尔尼雪夫斯基、杜勃罗留波夫等编辑,一直办到19世纪60年代,不仅培养了一大批优秀的作家,而且成为俄罗斯进步人士的喉舌。

1837年1月29日,普希金因与人决斗不治身亡,年仅38岁。他的早逝令俄国进步文人曾经这样感叹:"俄国诗歌的太阳沉落了。"

诗人之死

普希金与他的妻子娜塔丽娅郎才女貌,看起来非常般配。可这桩婚姻从一开始就孕育着一颗不幸的种子——普希金与妻子之间根本就没有共同语言。对于普希金来说,诗歌是他生活的重要内容,是他的一切。除此之外,他一无所有。但对于娜塔丽娅来说,诗歌如同乏味的公文一样,她根本不感兴趣。

结婚之后,普希金陷入了困境。他欠所有人的债:木柴商人、卖牛奶的、卖面包的、修马车的,还有自己仆人的。债务压得普希金抬不起头来,他感到压力越来越大,精神上也陷入了困境。而娜塔丽娅虽是家庭主妇,可家庭主妇该做的事她一概不问,甚至连孩子们的教育培养也多半是她的二姐负责。

1836年11月4日的上午,普希金收到了一个纸袋。拆开一看,里面装着三封"绿帽子协会"寄给他的成员证书。证书上面这样写道:绿帽子最高勋章获得者、骑士团长及骑士们会聚勋章局,在尊敬的纳雷什金主席主持下,大家一致同意任命普希金为主席的助手和奖章史研究家。落款是常务书记——波尔赫。另外,就在同一天上午,其他人也收到了同样的匿名信。顿时,整个彼得堡流言蜚语声四起,普希金成了上流社会谈论的笑料,成了人们嘲笑的对象。

其实,普希金很爱他的妻子。他还凭借自己天才诗人的名声,将自己的妻子介绍给朋友,引见给皇后和沙皇,带她进入彼

普希金

得堡的上流社会,进入交际圈,引起人们的一片惊叹,人们对这一对"郎才女貌"的绝配赞叹不已。但不久,她那魅力的光环就超过了丈夫诗人的声誉,还开始接受所有男人献来的殷勤。

虽然后来丹特士的义父,多方斡旋,将娜塔丽娅的大姐叶卡捷琳娜嫁给了丹特士,可丹特士并不满意,还利用自己是姐夫的合法身份,更加大胆放肆地追起娜塔丽娅来。而在丹特士的进攻面前,娜塔丽娅陷得越来越深,甚至不顾丈夫的禁止她参加一切年轻人的聚会的命令,依然我行我素。在一个星期六的晚会上,当普希金看到妻子与丹特士在一起亲密地谈笑,跳着华尔兹时,他的愤怒达到了极限。

面对这样的妻子与连襟,普希金纵有诗歌才华,此时也无济于事。除了决斗,他毫无选择了!于是,他再次发起决斗挑战,并确定了极其残酷的条件:双方射击的距离只有十步,并且在第一次双方都没有射中对方之后,决斗再重新开始,直到有一方倒地为止。看来,普希金真的拼命了。

1837年1月27日,参加决斗的普希金倒在了丹特士的枪口下。

普希金在文学方面有着惊人的才华,可他的数学却非常不好。在他还是一名小学生的时候,他发现老师给同学们讲解四则运算的例题时,最终得到的结果总是零。

自从发现了这个"秘密",普希金无论解答哪一道数学试题,有时甚至连试题都不看一眼,就在等号后面写上"0"。他的数学老师对普希金一点办法也没有,只好对他说:"去写你的诗吧,对你来说,数学就只意味着是个零。"

当普希金成名以后,有一次坐着四轮马车去外地。结果在

普希金广场

路上，四轮马车翻了。

普希金跳出来走进了路旁的一家小旅店。当旅店的老板知道他就是伟大的诗人普希金本人时，非常兴奋，连忙跑到地窖里，取了一瓶最好的酒，用来款待这位受人尊敬的客人。老板娘还取出了一本很大的旅客登记簿，请普希金在上面签名。

当普希金在登记簿上写下了自己的名字时，他看到老板的小儿子正尊敬地用双手捧着一本练习本站在他的面前，这名小男孩也希望诗人给他签名。可由于练习本的那页上刚好有一道四则运算试题，普希金还以为小男孩是请自己给他解答这道题目。

于是，他就像过去一样，用笔在算式的等号后面写上了"0"。并对小男孩说："小家伙，试试你的运气如何？"

第二天，这位伟大的诗人写的答案上被打了一个鲜红的"×"。小男孩简直不能相信他的老师。"它怎么会错呢？"他眼中噙着泪说："这可是由普希金本人做出来的！"

当这件事被名誉校长谢连科夫将军知道了。老人说："我根本就不懂教育,但被邀请做你们的荣誉校长。普希金也不懂数学,所以就让这个零作为这道题的荣誉答案吧。"

普希金作为卓越的诗人,他的叙事散文同样充溢着丰富饱满的诗情,确立了叙事散文的情感化和抒情化。普希金的话语总是饱含着动人情愫。他常常把看似平淡无奇的自然现象和司空见惯的生活情境赋予诗意,正如别林斯基概括的那样,他能为最"散文化"的对象增添诗意。

普希金总是以诗情去领悟自然现象和社会生活,总是一种正直而又高雅的情感,脱离了世俗生活的低级趣味。在普希金心中,不是任何"绝对"隐情都可以一味表露和咏唱。在普希金笔下,一切感情因为都是高雅的感情,所以就更加美,在他的任何感情中总有一种特别高贵、亲切、温柔、芳香与和谐的东西。

诗人的心理描写特色独具,自成一家,从外部形态来看,他的心灵探索不似后来的心理描写大师那样丰厚而细腻,但同样具有独特而高超的艺术水准,值得细细品味。

普希金作为一个具有深邃历史意识和丰富灵魂的文学家,他的创作视角既面向广阔的社会和时代,又面对复杂的个人隐秘心境,因此他的叙事作品也就同时蕴含着史诗意识和内心视角的诗学倾向。

现实主义的一代宗师——巴尔扎克

巴尔扎克是19世纪法国伟大的批判现实主义作家,欧洲批判现实主义文学的奠基人和杰出代表。他还是一位具有浓厚浪漫情调的伟大作家,一边因奢华的生活而负债累累,一边以崇高深刻的思想创作出博大精深的文学巨著。在他逝世时,文学大师雨果曾站在法国巴黎的蒙蒙细雨中,面对成千上万哀悼者慷慨激昂地评价道:"在最伟大的人物中间,巴尔扎克是名列前茅者;在最优秀的人物中间,巴尔扎克是佼佼者之一。"

现实主义大师

巴尔扎克出生于法国中部图尔城一个中产者家庭。小时候,巴尔扎克的成绩并不好,在一次只有35名学生参加的会考中,竟然排名第32,所以他的父母和老师并没有对他抱什么太大的希望。

后来,巴尔扎克进入了一家法律学校学习,毕业后还进入一家律师事务所工作。在父母眼中,巴尔扎克终于拿到了"铁饭碗"。可年轻的巴尔扎克不顾父母的反对,毅然走上文学创作道

路。但是他的第一部作品五幕诗体悲剧《克伦威尔》并未给他带来成功。此后,他与人合作从事滑稽小说和神怪小说的创作,可这些也并未引起人们的注意。此后,巴尔扎克曾一度弃文从商和经营企业,经营印刷厂和铸造字厂,最后都因经营不善而负债累累。

因经商欠下的巨额债务像噩梦一样纠缠着巴尔扎克,却也让他在生活的跌跌撞撞中认识了生活,而且比别人认识得更深刻,为他日后创作打下了厚实的生活基础。1829年发表长篇小说《朱安党人》,迈出了现实主义创作的第一步。1831年出版的《驴皮记》使他声名大振。他要使自己成为文学事业上的拿破仑,在他书房中放置了一座拿破仑的小像,并写下了激励自己一生的座右铭:"我要用笔完成他用剑所未能完成的事业。"

在 19 世纪

巴尔扎克塑像

三四十年代，巴尔扎克以惊人的毅力创作了大量作品。一生创作甚丰，写出了91部小说，合称《人间喜剧》。

《人间喜剧》原定书名为《社会研究》，分"风俗研究""哲理研究"和"分析研究"三大类。1842年，巴尔扎克受但丁《神曲》谓之"神的喜剧"的启发，于是将名字定为《人间喜剧》，即把资产阶级社会作为一个大舞台，把资产阶级的生活比喻一部丑态百出的"喜剧"。在导言部分中巴尔扎克写道："法国社会将成为历史学家，我不过是这位历史学家的秘书而已。开列恶癖与德行的清单，搜集激情的主要事实，描绘各种性格，选择社会上主要的事件，结合若干相同的性格上的特点而组成典型，在这样做的时候，我也许能够写出一部史学家忘记的历史，即风俗史。"

巴尔扎克在他创作的短短20年内，每年都要写4~5部小说。每天伏案至少18个小时，他的《赛查·皮罗多》是25小时内写成，《乡村医生》用了72小时，而长达几十万字的名著《高老头》竟是三天内一气呵成。为保证写作时清醒，巴尔扎克视浓咖啡如命，他曾说过："我

巴尔扎克像

我将死于 3 万杯咖啡。"

1950 年 8 月 18 日,由于早期的债务和写作的艰辛,伟大的现实主义大师巴尔扎克与世长辞。

《人间喜剧》

巴尔扎克生活在封建社会向资本主义社会过渡的历史转折时期,他亲身经历了拿破仑帝国、波旁复辟王朝、七月王朝等重要历史阶段,见证了许多重大历史事件。当时,法国社会思潮空前活跃,这促进了 19 世纪法国文学的繁荣和发展。

1813 年,巴尔扎克进入巴黎大学法学院学习。在学习期间,巴尔扎克曾到律师事务所当文书。几年的见习生活不仅让他熟悉了法律上的民事诉讼程序,还从这个法律窗口窥见了巴黎社会的种种病态,他看到了繁荣景象下的罪恶,也看到了资本主义法律的虚伪,为未来的创作积累了大量素材。

1841 年,巴尔扎克制订了一套宏伟的创作计划,决定写完 137 部小说。1842 年巴尔扎克写了《人间喜剧》的导言部分,阐述他撰写这部文学巨著的宗旨。

1845 年,巴尔扎克又写了《人间喜剧》的总目,把《人间喜剧》分为三大部分:"风俗研究""哲理研究""分析研究"。其中,以"风俗研究"内容最为丰富,又可分成六大类:"私人生活场景""外省生活场景""巴黎生活场景""政治生活场景""军队生活场景""乡村生活场景"。

在《人间喜剧》中,巴尔扎克以赞赏的心情描述共和主义的英雄人物。例如在作者笔下,《幻灭》中的米希尔·克雷斯蒂安是一个具有丹东和圣鞠斯特气魄的政治家。他提倡欧洲联邦制,对欧洲贵族阶级威胁很大。

巴尔扎克还以同情的态度描写了劳动群众的贫苦生活。在叙述里昂纺织工人起义时，他指出这次起义的正义性和社会原因："订货停止的时候，工人因饥饿而死亡；即便是在有工可做的时候，他几乎是半死半活地度日。任何一个苦役犯也比他们幸福。"

巴尔扎克力图在《人间喜剧》中概括19世纪前半期法国资本主义社会的全貌，把小说写成一部法国资本主义社会的风俗史，但是其中没有包括"工人生活场景"；三四十年代资产阶级和无产阶级之间的矛盾，在《人间喜剧》中只是得到零星的、间接的反映。

巴尔扎克写了农民的贫困生活和悲惨命运，但他对农民暴动始终采取否定态度，把农民反抗贵族的斗争说成是残忍的、野蛮的报复行为。他赞扬共和主义英雄，歌颂拿破仑的功绩，但他对封建贵族的同情也是显而易见的。他这种复杂的政治态度和思想倾向，正是他那自由化的贵族保皇党立场的反映，这里既有封建主义因素，又有资本主义因素。

巴尔扎克对工作的狂热态度几乎是无与伦比的，以至于有时会在生活中闹出不少笑话。

有一次，有几个朋友到巴尔扎克的住处，围坐在一起你一言我一语地闲谈起来。可就在巴尔扎克说话时突然中止了话头，紧接着便恶狠狠地咒骂起来。

巴尔扎克的朋友们莫名其妙：他这是在骂谁啊？他又为什么要骂人呢？

正当朋友们摸不着头脑的时候，巴尔扎克对他们说："对不起各位了，我该去抄我的小说了，我早该去抄我的小说了，你们

巴尔扎克故居

接着聊吧。"说完,巴尔扎克便一头钻进自己的工作室。哦,原来他是在骂自己呢。

巴尔扎克还常常会忘记周围的事物,甚至不认识城里的街道,可对自己作品中的人物,他却又总是念念不忘,魂萦梦绕。

有一次,朋友见他出门,就问他去哪里。那时的巴尔扎克沉浸在自己正在创作的小说里,并对小说的故事信以为真的他竟回答说:"我要上阿隆松,上戈乐蒙小姐和贝奈西先生居住的格伦诺布尔城去。"

然后,他又把自己那个虚构世界的消息当作现实世界的消息告诉他的朋友:"你猜猜,费列士·德·房特内斯娶的是谁?一位葛伦维尔家的小姐啊。他这门亲事结得很不差;葛伦维尔是很有钱的人家,尽管给贝乐孚伊小姐挥霍了不少。"事实上,他所说的阿隆松、格伦诺布尔这些地名,以及戈乐蒙小姐、贝奈西先生、费列士·德·房特内斯、葛伦维尔、贝乐孚伊小姐这些人名,全都是他小说里的地名和人名。

巴黎戏剧新帝王——大仲马

大仲马原名亚历山大·仲马,史称大仲马,是19世纪法国著名的浪漫主义作家。他一生著作达300卷,其中主要为小说和剧作。大仲马的主要成就在于小说创作方面,代表作有《三个火枪手》《玛尔戈王后》和《基督山伯爵》。2002年,大仲马成为第72位进入先贤祠的对法兰西做出非凡贡献的人,也是继伏尔泰、卢梭、雨果、左拉和马尔罗之后第六位进入先贤祠的法国作家。

小说工厂厂长

大仲马的父亲是拿破仑麾下的一名将军,但他在大仲马很小的时候就去世了。大仲马一直与母亲相依为命,到了十三岁还没念过什么书,整天在森林游荡。后来,大仲马认识的一个叫阿道夫的贵族朋友引导了他接触文学。他带着大仲马认识戏剧,以及拉马丁等诗人作品,这让大仲马立志要成为一个作家。

20岁时,大仲马准备闯荡巴黎,可当时的他身无分文。一天晚上,他来到酒店里与人赌弹子,凭借在乡间游逛时练就的高超的弹子技术,他竟然赢来了九十法郎。狂喜的大仲马当夜便告别母亲,前往巴黎。在巴黎,一位将军看在他父亲的面子上,又见他写得一手好字,就推荐他到奥尔良公爵府里当文书。这份工作赚得不多,但却能让他勉强糊口。为了贴补家用,大仲马还经常替法兰西剧院誊写剧本。然而,大仲马花了三年时间写出的大量剧本,却没有一个被剧院接受并上演。

直到1829年,大仲马的《亨利三世及其宫廷》在法兰西剧院上演。当演出落幕后,大仲马以剧作家的身份出现在台上,暴风雨般的喝彩声响彻剧场。当时的报纸如此描述他:"他的头昂得那么高,蓬乱的头发仿佛要碰到星星似的。"一夜之间,大仲马成了巴黎戏剧舞台上的新帝王。

紧接着,大仲马的另一个剧本《安东尼》演出后也获得了巨大的成功。短短的两年时间里,大仲马在巴黎成了最走红的青年剧作家。

1844年,大仲马创作了《基督山伯爵》,并于1848年改编成剧本获得巨大成功。这部小说故事跌宕起伏,情节离奇,被公认为是通俗小说中的典范。这部小说出版后,很快就赢得了广大读者的青睐,

大仲马塑像

被翻译成几十种文字出版,拥有了难以计数的读者。

生性豪爽的大仲马在成名后过着奢侈的生活,他经常游历四方,足迹遍及整个欧洲,他不惜花费巨资20万法郎,在巴黎附近的圣日耳曼昂莱森林里盖了一座新哥德式的基督山城堡。生活上一掷千金,常使他大量负债,有时需要托人代写大量的作品赚取巨额的稿酬,以维持生活。因此,他的作品普遍良莠不齐,也饱受研究者的批评。

晚年的大仲马非常贫困,为了抵债,他不得不拍卖了他的城堡。1870年,醉醺醺的大仲马来到小仲马家里,大声说道:"孩子,我是来到你这里等死的。"半个月后,大仲马去世,享年68岁,小仲马整理他的遗物,发现遗产只剩下最后几块钱。

大仲马一生著有150多部小说,90多个剧本,文集250卷,创作量惊人,作品多达270余种,甚至还写了一部《烹饪大全》,是名副其实的小说"加工厂"厂长。

经过时间的无情淘汰,大仲马的许多小说早已被人遗忘,但《基督山伯爵》却在几百年来一直为人们所喜爱,并成为为数不多的被东西方人同时接受和喜爱的通俗小说。

《基督山伯爵》是一部通俗历史小说,小说讲述了"法老号"大副唐泰斯受船长委托,为波拿巴党人送了一封信,遭到两个卑鄙小人和法官的陷害,被打入死牢。狱友法里亚神甫向他传授各种知识,并在临终前把埋于基督山岛上的一批宝藏秘密告诉了他。唐泰斯越狱后找到了宝藏,成为巨富,从此名为基督山伯爵。他经过精心策划,报答了恩人,惩罚了仇人。充满浪漫的传奇色彩,章章奇特新颖,引人入胜。

与一些伟大作家的作品相比,也许大仲马的这部小说并没有广泛和深刻地反映社会现实,也无法进入19世纪文学第一流的杰作行列。所以,在法国文学史上,大仲马的地位还不能和巴尔扎克、雨果等文学大师相抗衡。然而,《基督山伯爵》毕竟是全世界通俗小说的扛鼎之作,大仲马也因而被后人美誉为"通俗小说之王"。

有一次,一个朋友请他捐出50法郎埋葬一个刚去世的地主管家,大仲马哈哈大笑着拿出100法郎,说:"去埋葬两个地主管家吧!"那时的他以"基督山伯爵"自居,并已在圣日耳曼昂莱山脚下濒临塞纳河的地方买下一大块地皮,准备建筑他梦想的豪宅——基督山城堡。当建筑设计师告诉大仲马,建造这座城堡需要20万法郎时,这位"伯爵"大人豪放地说:"但愿比这更多

大仲马故居

一些！"

基督山城堡于1847年7月25日竣工，建筑非常符合大仲马所要求的华丽风格，内部装饰也体现了他的作家身份。从此，大仲马经常在城堡里大宴宾客，饮酒作乐。可惜好景不长，几年工夫，大仲马就把自己的财产挥霍一空，不得不把城堡拍卖给他人。

最骄傲的作品

大仲马在奥尔良公爵府上当公务员的时候，和一位女裁缝生了个儿子，就是后来在文学声誉上大大超过他的小仲马。

在小仲马出名以前，他寄出的稿子总是碰壁，大仲马曾对小仲马说："如果你能在寄稿时，随稿给编辑先生附上一封短信，或者只写一句话，说'我是大仲马的儿子'，或许情况就好了。"

可小仲马不但拒绝以父亲的盛名做自己事业的敲门砖，而且不露声色地给自己取了十几个其他姓氏的笔名，以避免那些编辑先生把他和大名鼎鼎的父亲联系起来。

面对一张张退稿笺，小仲马没有沮丧，仍坚持创作自己的作品。1848年，24岁的小

小仲马

仲马根据自己的爱情经历，写出了他的成名作《茶花女》，并将它寄给了一位资深编辑。结果，这位编辑被这部小说绝妙的构思和精彩的文笔所震撼。由于这位知名编辑曾和大仲马有着多年的书信来往，当他看到寄稿人的地址同大作家大仲马的丝毫不差，就怀疑是不是大仲马另取的笔名。可细看作品，其风格和大仲马的又迥然不同。这是怎么回事呢？

名著《茶花女》

带着这种兴奋和疑问，他迫不及待地乘车造访大仲马。

令他大吃一惊的是，《茶花女》这部作品的作者竟是大仲马名不见经传的年轻儿子小仲马。"您为何不在稿子上签您的真实姓名呢？"老编辑疑惑地问小仲马。小仲马说："我只想拥有真实的高度。"

《茶花女》出版后，法国文坛书评家一致认为这部作品的价值大大超越了大仲马的代表作《基督山恩仇记》，小仲马一时声誉鹊起。后来，小仲马先后写了20余部剧作，现实主义倾向更为鲜明。其中，比较成功的有《半上流社会》《金钱问题》《私生子》等。作为法国现实主义戏剧的先驱者之一，其剧作富有现实的生活气息，以真切自然的情理感人，结构比较严谨，语言通俗流畅。

大仲马曾骄傲地说："我最得意的作品就是小仲马。"

65

法兰西的莎士比亚——雨果

维克多·雨果是法国浪漫主义作家的代表人物,是19世纪前期积极浪漫主义文学运动的领袖。雨果的一生几乎跨越整个19世纪,几乎经历了19世纪法国的一切重大事变。他的文学生涯达60年之久,创作力经久不衰。他的浪漫主义小说精彩动人,雄浑有力,对读者具有永久的魅力。

雨果与法国文学

维克多·雨果出生于法国,父亲是拿破仑手下的一位将军,儿时的雨果还曾随父亲在西班牙驻军。雨果天资聪慧,10岁回巴黎上学,中学毕业后进入法学院学习,可他的兴趣却是写作。15岁时,雨果在法兰西学院的诗歌竞赛会得奖,17岁在"百花诗赛"得第一名,20岁出版诗集《颂诗集》,因歌颂波旁王朝复辟,获路易十八赏赐,以后写了大量异国情调的诗歌。

1823年末,随着自由主义的日趋高涨,雨果的政治态度也有所改变。他与浪漫派文艺青年缪塞、大仲马等人组成"第二文社",开始明确反对伪古典主义。1827年,雨果发表为自己的剧本《克伦威尔》撰写的《〈克伦威尔〉序言》。虽然剧本因为不符合舞台艺术要求,未能演出,但这篇序言却成为声讨古典主义的檄文、浪漫主义运动的重要宣言、浪漫主义文艺理论的经典。雨果本人也因此被公认为浪漫主义运动的领袖。

1831年,长篇小说《巴黎圣母院》问世。小说通过描写善良的吉卜赛少女埃斯梅拉达,在中世纪封建专制下受到摧残和迫害的悲剧,反映了专制社会的黑暗,反动教会的猖獗和司法制度的残酷,突出了反封建的主题。故事情节复杂,人物性格夸张,整部作品以色彩浓郁的笔墨写出,充分体现了浪漫主义小说的特点。

1848年六月革命后,雨果逐渐走向共和的立场。在总统选举中,他投票支持路易·拿破仑,不久,又成为他的反对派。1851年路易·拿破仑发动政变,宣布帝制,大肆进行镇压,雨果被迫开始了长达19年的国外流亡生活。

流亡期间,雨果从未停止过文学创作,而是用笔当作武器,与拿破仑的独裁政权进行斗争。1852年出版政治小册子《小拿破仑》,同时还撰写了揭露政变过程的小册子《罪恶史》。1853年著名的政治讽刺诗集《惩罚集》问世,它充满革命气势,在第二次世

雨果像

界大战期间曾鼓舞爱国志士的反纳粹的斗志。1856年出版的《静观集》概括了作者1830年~1855年间的思想感情。

1862年,雨果最重要的长篇小说《悲惨世界》问世。小说篇幅浩大,共5部。通过主人公冉·阿让、芳汀、珂赛特的不同经历,真实地表现了劳动人民苦难生活的画面,而且以更加丰满有力的形象描绘把劳动人民的悲惨与不幸完全归咎于社会的压迫和资产阶级社会的"文明"。

1870年3月拿破仑三世垮台,雨果回到巴黎,受到巴黎人民的热烈欢迎。雨果于1862年开始了《九三年》的创作,历时十年终于完成。这部重要作品以1793年法兰西共和国军队镇压旺岱地区反革命叛乱这一重大历史事件为题材,表现了资产阶级革命中惊心动魄的历史内容和不以人的意志为转移的斗争规律。封建贵族的凶狠残暴、雅各宾专政时期的革命气氛、共和军的英勇善战,都得到了生动的描绘。

1885年,雨果逝世。法国人民为这位伟大的诗人举行了国

巴黎夜色

葬。他的遗体被安葬在专门安葬伟人的先贤祠。

浪漫主义是法国19世纪持续时间最长、影响最大的文学流派。雨果以他的剧本打破了古典主义戏剧用理性压制感情、只歌颂王公贵族的清规戒律，提出了将滑稽丑怪与崇高优美进行对照的审美原则，使爱情压倒了理性，最终推翻了古典主义的统治地位。他的浪漫剧《欧那尼》在1830年上演的时候，拥护古典主义和支持浪漫主义的两派观众甚至在剧院里大打出手，史称"欧那尼事件"，这就是浪漫主义战胜古典主义的标志，27岁的雨果也因此成为浪漫主义的领袖。

雨果怀着济世救民的崇高理想，试图用人道主义精神去拯救世界，创作出了《悲惨世界》那样的杰作，赋予了浪漫主义文学以新的生命力。所以，浪漫主义文学在法国的兴起和繁荣，与雨果本人在创作上的重大贡献是分不开的。

雨果后期的作品与现实的结合更加紧密。在国外流亡期间，雨果创作了《小拿破仑》等珍贵檄文，以及《惩罚集》《凶年集》等气势恢宏、感情奔放的动人诗篇，吹响了反对专制统治、歌颂光明和进步的斗争号角，从而成为法兰西不朽的民族诗人。而他历时16年才完成的巨著《悲惨世界》，则完全体现了他的人道主义理想。小说通过对穷人苦难的真实描绘，对社会的黑暗和司法的不公提出了强烈的抗议，宣扬了仁慈博爱可以杜绝罪恶和拯救人类的人道主义思想。

雨果的创作道路长达60年之久，几乎贯穿了整个19世纪。他在生前出版了19卷诗歌，身后又经人整理出版了6卷，总共约有22万行、1 000多万字。他的长篇小说和中短篇小说共有300万字之多。他写了9个剧本，还有10多卷政论、随笔和游记。因此，在法国人的心目中，雨果是一位出色的诗人、戏剧家和小说家。

雨果趣事

雨果像

法国大作家维克多·雨果的《悲惨世界》完成后，他将书稿投寄给了一位出版商。可稿子寄出很长一段时间都没有回音。于是，他在纸上画了一个很大的"？"寄给了出版商。没过几天，出版商就有了回信，雨果打开一看，上面也是一个字没有，只画了一个"！"。雨果明白这部著作的出版有希望了。

果然，他的《悲惨世界》不久就出版了，并大获成功。

还有一次，雨果出国旅行到了边境，宪兵要检查和登记，就问他："姓名？"

"雨果。"

"干什么的？"

"写东西的。"

"以什么谋生？"

"笔杆子。"

于是宪兵就在登记簿上写道："姓名：雨果；职业：贩卖笔杆。"

最清醒的现实主义作家
——托尔斯泰

列夫·尼克拉耶维奇·托尔斯泰是19世纪伟大的批判现实主义的杰出代表,俄国伟大的作家,被列宁称颂为具有"清醒的现实主义"的"天才艺术家"。托尔斯泰思想中充满着矛盾,这种矛盾正是当时俄国社会错综复杂的矛盾的反映,是一个富有正义感的贵族知识分子在寻求新生活中,清醒与软弱、奋斗与彷徨、呼喊与苦闷的生动写照。所以,高尔基说:"不认识托尔斯泰者,不可能认识俄罗斯。"

矛盾的庄园主

托尔斯泰出生在一个名叫"雅斯纳亚·博利尔纳"的贵族庄园。他1岁半丧母,10岁时父亲去世,由亲戚抚养大。1844年,托尔斯泰进入喀山大学学习法律与东方语言,但是从未取得学位。

1847年,托尔斯泰中断学习回到雅斯纳亚·博利尔纳庄园,但因将大量时间花费在莫斯科圣彼得堡的社交场所中,终于欠下了一大笔赌债。1851年,托尔斯泰和他的兄长一同前往高加索当兵。1852年他参加了一场战斗,表现勇敢,且发表了小说《童年》,透过小主人翁单纯的内心世界的细腻描写,展示了一位聪颖、敏感儿童的精神成长过程。它与后来作家写就的《少年》和《青年》构成了自传三部曲。

托尔斯泰退役回到家乡后,曾为农民子弟办学,后来因为沙皇政府干预,学校夭折。19世纪六七十年代,托尔斯泰先后完成了长篇小说《战争与和平》和《安娜·卡列尼娜》,这两部作品为他赢得了世界一流作家的美誉。

在19世纪70年代末80年代初,托尔斯泰经历了一场世界观的激变。他否定了贵族阶级的生活,站到了农民的一边。他不仅在生活方式上发生了很大变化,而且力求使自己的作品能为普通的农民所接受。他写了不少民间故事和"人民戏剧",也写出了一些优秀的小说,其中著名的有长篇小说《复活》。

托尔斯泰像

《复活》是托尔斯泰晚年最重要的作品。

男主人公涅赫留朵夫是一个为自己和本阶级的罪恶而忏悔的形象,他对人民苦难的同情,对本阶级罪恶的忏悔,以及在忏悔过程中的矛盾、彷徨,既概括了当时一部分进步的贵族知识分子的精神状态,也反映了作家本人的思想矛盾。而女主人公玛丝洛娃是一个从受欺凌的地位中逐步觉醒并走向新生的下层妇女的形象,但她的形象已经超越了当时一般作家用同情的笔调描写下层人民不幸遭遇的格局,而是深刻地表现了下层人民不可摧毁的坚强意志。同时,《复活》也显示了托尔斯泰"撕下一切假面具"的决心和彻底暴露旧世界的批判精神。小说对沙俄的法律、法庭、监狱,以及整个国家机器和官方教会,都给予了无情的抨击。

虽然托尔斯泰因《复活》遭到当局和教会的迫害,还被革除教籍,可他在人民中却获得了越来越高的声誉。托尔斯泰晚年生活力求平民化,并保持着旺盛的创作精力,完成了中篇小说《哈泽·穆拉特》和《舞会之后》等优秀作品。1910年,他在出走途中去世。

托尔斯泰思想中充满着矛盾,这种矛盾正是俄国社会错综复杂的矛盾的反映,是一个富有正义感的贵族知识分子在寻求新生活中,清醒与软弱、奋斗与彷徨、呼喊与苦闷的生动写照。

艺术成就

从托尔斯泰创作初期开始,他就始终不渝地、真诚地寻求接近人民的道路,"追根究底"地要找出群众灾难的真实原因,认真地思考祖国的命运和未来。因此,他的艺术视野达到罕有的广度。尽管对于当时正处于转折时期的俄国的许多社会问题的立场是矛盾的,解答是错误的,可他以天才艺术家所特有的力量创作的俄国生活图画仍然是无与伦比的。

　　托尔斯泰以特有的概括广度,创作了史诗体小说。像《战争与和平》那样的巨著,再现了整整一个时代,气势磅礴,场面广阔,人物众多。历史的事实融合着艺术的虚构,奔放的笔触糅和着细腻的描写;在巨幅的群像中显现出个人的面貌,于史诗的庄

托尔斯泰塑像

严肃穆中穿插抒情的独白,变化万千,蔚为奇观。

在对微观世界的刻画中,托尔斯泰洞察人的内心奥秘,在世界文学中空前地把握了心灵的辩证发展,而且深入人的下意识,把它表现在同意识相互和谐的联系之中。

托尔斯泰总是能如实地描写人物内心的多面性、丰富性和复杂性,不只写其突出的一面或占优势的一种精神状态。他不隐讳心爱人物的缺点,也不忽略所揭露人物的优点。他不粉饰,不夸张,不理想化或漫画化,总是借助真实客观的描写,展示其本来面目,从而于平凡中见伟大,或者相反,于平凡的现象中显示其可怕。

他还善于描绘性格的发展和变化,自然浑成而不露斧凿。他力求最充分、最确切地反映生活的真实或表达自己的思想。因此,他虽然在艺术上要求严格,却不单纯以技巧取胜,不追求形式上的精致,也不回避冗长的复合句,而只寻求最大的表现力。

托尔斯泰是现实主义的顶峰之一。他的文学传统不仅为苏联作家所批判地继承和发展,在世界文学中也有巨大的影响。

1852年秋天,屠格涅夫在斯帕斯科耶打猎时,无意间在松林中捡到一本皱巴巴的《现代人》杂志。他随手翻了几页,竟被当时还是个无名小辈的托尔斯泰的处女作《童年》所吸引。他十分欣赏,而且钟爱有加。1855年,托尔斯泰与屠格涅夫终于在彼得堡认识,两人成了很好的朋友。

1861年的一天,托尔斯泰和屠格涅夫应邀来到作家朋友费特的庄园做客。当时大家在一起闲聊,偶尔提及屠格涅夫未婚女儿的教育问题。费特太太问屠格涅夫,你女儿的那位英国女教师

怎么样。屠格涅夫认为女儿的家庭女教师是不错的。他举了一个例子：一次，这位女教师让屠格涅夫给女儿一笔款项，供女儿用于慈善事业，以此来培养女儿的善良心性。接着，屠格涅夫又说："现在，这位英国小姐又让我女儿收集贫困农民的破衣裳，亲手补好后，再归还原主。"言语之间，对这种做法十分欣赏。

可托尔斯泰听了屠格涅夫的话，立即接了一句："那么您认为这样做就好吗？"

屠格涅夫回答："当然，这样做可以使施善的人更加同情那些贫穷的人。"

托尔斯泰不客气了："可我认为一位打扮得漂漂亮亮的姑娘，拿一些肮脏发臭的破衣裳摆在膝头，倒像是演一幕不真诚的戏。"

在托尔斯泰的意识里，真正的善行是出自内心，而不是表面。但这话听起来似乎是说屠格涅夫乐意女儿表演善行。屠格涅夫被激怒了："您这样说，是否说明我教坏了女儿？"

托尔斯泰不依不饶地回答："我自己深信不疑的东西，为什么不能说出来呢？"

屠格涅夫勃然大怒，立即嚷叫起来："如果您再用这种腔调说下去，我就掴您的耳光……"

托尔斯泰当即离开，回到一个离自己家不远的小站，在那里派人找来手枪子弹，准备与屠格涅夫决斗。但是，他还是希望得到屠格涅夫的道歉，就派人给屠格涅夫送去一封信："我希望，您的良心已经对您说，您对我的态度多么错误，特别是当着费特及其夫人的面这样做……"

屠格涅夫也意识到自己当着一位朋友及夫人说"掴耳光"

托尔斯泰像

之类的话是多么低俗。他立即给托尔斯泰回了一封道歉信。可阴差阳错的是,这封信送到了托尔斯泰的庄园,而托尔斯泰又没有回家。没有办法,仆人将信带回。见此情况,屠格涅夫又在信中对此疏忽表示歉意,并让仆人赶紧将信送去。

可时间的差错使得托尔斯泰以为屠格涅夫没有道歉诚意。他即刻又写了一封措辞严厉、要求决斗的信送给屠格涅夫。

屠格涅夫本来已经道过歉,可又接到这封措辞严厉、要求决斗的信,内心非常痛苦。他在回信中再次对当时对立气氛中说出的粗鲁话进行了解释,也无奈地接受挑战。他希望按传统方式——各带副手——进行决斗。

在朋友们的劝说下,事态终于得以平息,没有酿成世界文坛的憾事,但此次激烈严重的冲突仍极大地刺激了双方的自尊心,导致了双方关系破裂达17年之久。

美国文坛巨子——马克·吐温

马克·吐温被称为美国文学史上知名人士之一，甚至被推崇为"美国文坛巨子"。他的交友十分广泛，迪士尼、魏伟德、尼古拉·特斯拉、海伦·凯勒、亨利·罗杰等人都是他的朋友。海伦·凯勒曾说："我喜欢马克·吐温——谁会不喜欢他呢？即使是上帝，亦会钟爱他，赋予其智慧，并于其心灵里绘画出一道爱与信仰的彩虹。"他是美国乡土文学的集大成者。海明威曾经说过："一切当代美国文学都起源于马克·吐温一本叫《哈克贝利·费恩历险记》的书。"

行走的人生

马克·吐温出生在美国密苏里州佛罗里达乡村的一个贫穷律师家庭。虽然家中有7个孩子，却只有他和一个哥哥、一个姐姐在童年过后幸存下来。马克·吐温的母亲在他4岁时就去世了，父亲也在他12岁那年去世。从此，他开始了独立的劳动生活。马克·吐温先在印刷所学徒，当过送报人和排字工，后来又在密西西比河上当水手和舵手。儿时生活的贫穷和长期的劳动生涯，不但为他以后的文学创作积累了素材，更铸就了一颗正义的心。

马克·吐温22岁时回到密苏里州，在下密西西比河到纽奥良的旅途中，轮船的领航员要马克·吐温终身成为轮船领航员，而这职业是当时全美国薪资第三高的职业，每月250美元。

密苏里州是一个奴隶州，并被大部分人视为属于南部的一部分，但密苏里州并没有加入联邦。当战争开始时，马克·吐温和他的朋友加入了一队联邦的民兵部队，并加入了一场战争。可在战争中，马克·吐温发现他根本不能忍受自己杀任何人，因此选择了离开，到他的哥哥奥利安那里去，那时奥利安被任命为内华达的州长的秘书并管理西部。

马克·吐温与哥哥乘公共马车花了两星期多的时间，横越了大平原区和洛矶山脉。他们到了盐湖城摩门教的社会。这些经验成了《艰苦岁月》一书中的主要部分，并为《卡城名蛙》提供了资料。他来到内华达维吉尼亚城的银矿，在那里做了一名矿工。

在放弃

马克·吐温像

矿工一职后，马克·吐温在维吉尼亚城的一家报纸《企业报》工作。后来，他来到加州旧金山旅行，并在那里继续当一名记者，还开始做演讲。他见到了其他作家，如布瑞特·哈得等。一次他被分配到夏威夷州，有了他的第一次演讲。

1869年，马克·吐温完成了在欧洲和中东的旅程期间收集成的著名旅行信件系列《傻子旅行》。同年，马克·吐温与所爱的欧丽维亚·兰登成立了自己的家庭。1871年，马克·吐温一家迁往康乃迪克州哈特福特。之后，他再度到欧洲旅游，这在1880年一部书《浪迹海外》有所描述。1900年他回到美国，给他的旧公司偿清欠款。

旅行与文字

马克·吐温也许称不上是旅行家，但称他为旅行达人并不为过。旅行不仅丰富了他的人生阅历，更让他的作品中的人物与事件饱满鲜活。

他的第一部巨著《卡城名蛙》就是以淘金时代他在加州时的见闻所写。书中的人物有的嗜赌如命，赌马、赛狗、赛猫、斗鸡，连青蛙也用来打赌，自认为赌无不胜，最后却被骗个精光；也有人尝试用千奇百怪的方法治疗感冒，洗冷水浴、喝温盐水甚至喝烈酒，可谓无奇不有。

《沙里缅度联邦报》派马克·吐温去当时被称为三明治群岛的夏威夷作通讯记者，给联邦报寄来关于那里的事情的信。《加利福尼亚大地报》派了他做巡回记者，当时他就不断寄出信件给报纸出版，讽刺而幽默地记录他的所见所闻。1867年6月8日，他乘游艇前往费城，这一游诞生了《傻子旅行》。

1872年，马克·吐温出版了第二部旅行文学著作《艰苦岁月》作为《傻子旅行》的续集。《艰苦岁月》的内容是他到内华达的旅程及在美国西部的后期生活的半自传式描述。这书以"傻子"对欧洲的很多国家的批评来讽刺美国及西方的社会。之后的《镀金时代》是他和查尔斯·沃纳合作的一部长篇小说。

马克·吐温之后的两本著作均是关于他在密西西比河上的经历。《密西西比河的旧日时光》一系列的作品在1875年出版于《大西洋月刊》，最具特色的是他对浪漫主义的醒悟。马克·吐温在此之后又写了《密西西比河上的生活》。之后，马克·吐温写了《汤姆·索亚历险记》，模仿自己小时候的性格，塑造出了汤姆·索亚的性格。

美国西部风景

之后出版的《顽童流浪记》是《汤姆·索亚历险记》的续集,严肃的气氛比后者更为浓厚。这本书成了美国大部分学校的必修书。

马克·吐温的一生也如同他的作品,充满了风趣。愚人节是西方的一个特殊节日,在那一天,人们可以互相愚弄一下,但不能生气。有一年的"愚人节",有人为了戏弄马克·吐温,就在纽约的一家报纸上报道说他死了。结果,马克·吐温的亲戚朋友从全国各地纷纷赶来吊丧。可当他们来到马克·吐温家的时候,只见马克·吐温正坐在桌前写作。

亲戚朋友们先是一惊,接着都齐声谴责那家造谣的报纸。但马克·吐温毫无怒色,还幽默地说:"报道我死是千真万确的,不过把日期提前了一些。"

马克·吐温曾收到一封青年人写来的信,在信中,他想向马克·吐温请教成为大作家的诀窍。青年人还说:"听说鱼含大量的磷质,而磷是有利于脑子的。看来要成为一个大作家,一定要吃很多鱼吧?但不知道你究竟吃的什么鱼,又吃了多少呢?"

有一次,马克·吐温应邀赴宴。席间,他对一位贵妇说:"夫人,你太美丽了!"不料那妇人却说:"先生,可是遗憾得很,我不能用同样的话回答你。"头脑灵敏、

马克·吐温

言辞犀利的马克·吐温笑着回答:"那没关系,你也可以像我一样说假话。"

马克·吐温回信说:"看来,你得吃一条鲸才行。"

有一次,马克·吐温外出乘车。当列车员检查车票时,他翻遍了每个衣袋,也没有找到自己的车票。

刚好这个列车员认识他,于是就安慰马克·吐温说:"没关系,如果您实在找不到车票,那也不碍事。"

"咳!怎么不碍事,我必须找到那张该死的车票,不然的话,我怎么知道自己要到哪儿去呢?"

短篇小说巨匠——莫泊桑

莫泊桑是法国文学史上短篇小说创作数量大、成就高的大作家，三百余篇短篇小说的巨大创作量在 19 世纪文学中是绝无仅有的。莫泊桑的短篇小说不仅数量多，其描绘的生活面也极为广泛，实际上构成了 19 世纪后期法国社会一幅全面的风俗画。更重要的是，他将现实主义短篇小说的艺术提高到了一个前所未有的水平，奠定了他在文学史上的重要地位。

四位老师

莫泊桑出生于法国西北部诺曼底省的一个没落的贵族家庭。一出生，莫泊桑就遇到了他的第一位老师——他的母亲。莫泊桑的母亲具有深厚的文学修养，使儿子从小就受到文学的熏陶，并指导儿子阅读和写作。

进入里昂中学后，莫泊桑的老师路易·布耶发现莫泊桑作文中闪烁着天才的火花，于是孜孜不倦地竭力启发这位学生，使他认识到文学创作需要创造性的劳动和耐心，同时还必须具有埋头苦干的精神和掌握文学技巧的规律。

莫泊桑中学毕业以后，正式拜法国伟大的批判现实主义小说家福楼拜为师，学习写作。

莫泊桑遵照老师的教导，不停地写作，他写诗歌、喜剧、短篇和中篇小说。福楼拜是一位严厉得近乎苛刻的老师，几乎把莫泊桑所有写的作品都认定为废品，要他烧掉，并且警告他在作品不成熟的时候，不得随意寄往刊物去发表。

福楼拜像

福楼拜还要求莫泊桑具有敏锐的观察力，他说："当你走过一位坐在自家店门前的杂货商面前，走过一位吸着烟斗的守门人面前，请你给我描绘一下这个杂货商和这个守门人，他们的姿态，他们整个的身体外貌，要用画家那样的手腕传达出他们全部的精神本质，使我不至于把他们同任何别的杂货商人，任何别的守门人混同起来。还请你只用一句话就让我知道马车站有一匹马同它前前后后五十来匹是不一样的。"

在语言运用上，福楼拜教导莫泊桑说："我们无论描写什么事物，要说明它，只有一个名词；要赋予它运动，只有一个动词；要区别它的性质，只有一个形容词。我们必须不断地推敲，直到获得这个名词、动词、形容词为止。不能老是满足于差不多，不能逃避困难，用类似的语句去敷衍了事。"这就是世界文学

史上闻名的所谓"一语说"的来源。

莫泊桑在创作上巨大的成就证明,坚持不懈、体察入微、精心提炼和准确使用语言,确实是写作成功的诀窍。

由于福楼拜与屠格涅夫关系密切,因此屠格涅夫对莫泊桑很有好感,还经常审读莫泊桑的手稿,并提出很多意见。在福楼拜过世之后,虽然那时莫泊桑已经发表了很多作品,也很有名气,但莫泊桑仍虚怀若谷地把屠格涅夫尊为自己的老师。

莫泊桑

写作生涯

莫泊桑短篇小说的题材丰富多彩。在他的作品中,形形色色的社会生活,如战争的溃败、上流社会的喜庆游乐、资产者沙龙里的聚会、官僚机构里的例行公事、小资产阶级家庭的日常生活、外省小镇上的情景、农民的劳动与生活、宗教仪式与典礼等,都有形象的描绘;社会各阶级、各阶层的人物,从上层的贵族、官僚、企业家到中间阶层的公务员、自由职业者、小业主,到下层的工人、农民、流浪汉以至乞丐,都得到了鲜明的勾画;从巴黎闹市到外省城镇,以及偏远乡村与蛮荒山野的风土人情,也都有生动的写照。

在莫泊桑的描写中,有着三个突出的重点,即普法战争、巴黎的小公务员生活和诺曼底地区乡镇的风光与轶事。

由于莫泊桑亲身参加过普法战争,在这场灾难中,他耳闻目睹了法军可耻的溃败、当权者与有产者的卑劣,以及普通人民的爱国主义热情与英勇抗敌的事例,这些日后都成为他文学创作的重要源泉,他也成为当代作家中对这一历史事件最有资格的描述者。

在法国文学中,莫泊桑还描写了公务员、小职员等这一小资产阶层。这与他自己长期是这个阶层的一员有很大的关系。他熟悉这个阶层的一切,并对它的生活状况、生存条件、思想感情、精神状态做了多方面的描写,这方面出色的短篇有《一个巴黎市民的星期天》《一家人》《骑马》《珠宝》《我的叔叔于勒》《勋章到手了》《保护人》《烧伞记》《项链》《遗产》《散步》等。

在生活的描绘面上,莫泊桑在一定程度上改变了过去某些作家主要以巴黎生活为描写对象的倾向,而更多地把诺曼底地区城镇乡村五光十色的生活带进了法国文学。

由于有了莫泊桑,法国北部这个海滨地区的自然风光、人情世态、风俗习惯,都得到了十分精彩的描绘。莫泊桑关于诺曼底题材的短篇也很多,重要的有《一个农庄女工的故事》《戴丽叶春楼》《瞎子》《真实的故事》《小狗皮埃罗》《一个诺曼底佬》《在乡下》《一次政变》《绳子》《老人》《洗礼》《穷鬼》《小酒桶》《归来》《图瓦》等。

莫泊桑很小就表现出了过人的聪明才智。

有一天,莫泊桑跟舅父去拜访他的好友——著名作家福楼拜。舅父想让莫泊桑拜福楼拜为师,认真学习写作。可是,莫泊桑却骄傲地问福楼拜究竟会些什么?福楼拜反问莫泊桑会些什么?莫泊桑得意地说:"我什么都会,只要你知道的,我就会。"

福楼拜不慌不忙地说:"那好,你就先跟我说说你每天的学习情况吧。"

莫泊桑自信地说:"我上午用两个小时来读书写作,用另两个小时来弹钢琴;下午则用一个小时向邻居学习修理汽车,用三个小时来练习踢足球;晚上,我会去烧烤店学习怎样制作烧鹅;星期天则去乡下种菜。"

说完后,莫泊桑得意地反问道:"福楼拜先生,您每天的工作情况又是怎样的呢?"福楼拜笑了笑说:"我每天上午用四个小时来读书写作,下午用四个小时来读书写作,晚上我还会用

法国巴黎

四个小时来读书写作。"莫泊桑不解地问:"难道您就不会别的了吗?"

福楼拜没有回答,而是接着问:"你究竟有什么特长,比如有哪样事情你做得特别好的?"这下,莫泊桑答不上来了。于是他便问福楼拜:"那么,您的特长又是什么呢?"福楼拜说:"写作。"

莫泊桑

原来特长便是专心地做一件事情。于是莫泊桑下决心拜福楼拜为文学导师,一心一意地读书写作,最终取得了丰硕的成果。

天竺"诗圣"——泰戈尔

1913年,印度的伟大诗人、作家泰戈尔荣获诺贝尔文学奖,他是获得这一殊荣的第一位东方作家。他的获奖是"由于他那含义深远、清新而美丽的诗歌;他运用高超的技巧,用英语表达出的诗意盎然的思想,已成为西方文学的组成部分"。他的诗哲理深邃,抒情浓郁,格调清新,语言优美,深深打动了读者的心弦,为诗歌艺术做出了开拓性的贡献。

诗意人生

罗宾德拉纳特·泰戈尔出生于印度孟加拉邦一个商人兼地主家庭。他的父亲是一位著名的哲学家和宗教改革者。泰戈尔是家中十四个孩子中最小的一个,他的哥哥姐姐中,有哲学家、音乐家、戏剧家、小说家、爱国志士等,所以他家是当时加尔各答知识界的中心。

泰戈尔虽曾赴英国攻读法律、文学和音乐,但都未能完成学业,他渊博的知识和深厚的文学功底,主要还是来自家庭的熏陶和自己的不懈努力。

泰戈尔20岁就出版了自己的第一部诗集《暮歌》。在此后漫长的创作生涯中，泰戈尔共写了50多部诗集，12部中长篇小说，近108篇短篇小说，20多个剧本，以及大量随笔、游记、论文等。此外，他还是一位造诣颇深的音乐家和画家，曾创作2 000多首歌曲和1 500多幅画，其中歌曲《人民的意志》，被定为印度国歌。

对于外国人来说，泰戈尔一般被看作是一位诗人，而很少被看作是一位哲学家，但在印度，这两者往往是相同的。在泰戈尔的诗中，人们很容易找到他对宗教和哲学的深刻见解。泰戈尔在诗中还表达了他对战争的绝望和悲痛，但他的和平希望没有任何政治因素，他希望所有的人都可以生活在一个完美的、和平的世界中。对泰戈尔来说，他的诗是他奉献给神的礼物，而他本人是神的求婚者。他的诗在印度享有史诗般的地位。

泰戈尔塑像

他发表的诗集中,《吉檀迦利》《新月集》《飞鸟集》是他的重要代表作品。

《吉檀迦利》是泰戈尔中期诗歌创作的高峰,也是最能代表他思想观念和艺术风格的作品。这部宗教抒情诗集,以轻快、欢畅的笔调歌唱生命的枯荣、现实生活的欢乐和悲哀,表达了作者对祖国前途的关怀。维尔弗德·欧文和威廉·勃特勒·叶芝被他的诗深深感动,在叶芝的鼓励下,泰戈尔亲自将他的《吉檀迦利》译成英语。1913年,他因此获得了诺贝尔文学奖。

除诗外,泰戈尔还写了小说、小品文、游记、话剧和2 000多首歌曲。他的诗歌主要是用孟加拉语写成的,在孟加拉语地区,他的诗歌非常普遍。

泰戈尔与中国

1881年,在年仅20岁的泰戈尔发表了一篇题为《在中国的死亡贸易》的论文,强烈谴责英国殖民者在中国倾销鸦片。

1916年,他于赴日本途中在香港停留。他从在码头上干活的中国劳工身上看到了中华民族的伟大力量。他写道:"当这样一种巨大的力量拥有了自己的现代工具,当它掌握了科学,世界上又有什么力量能够阻挡它呢?"他真诚地希望中国觉醒过来,希望中国繁荣富强。泰戈尔于1924年访华,无论走到哪

泰戈尔

泰戈尔与徐志摩、林徽因在中国

里，他总要情不自禁地赞颂中印之间的友好关系。他非常珍视中印友谊，对那些为两国文化交流做出巨大贡献的前人充满景仰之情。泰戈尔衷心热爱中国文明。他在鉴赏中国古代绘画时说："中国是一个伟大的民族。他们创造了一个美的世界。"

泰戈尔对现当代中国文学产生了巨大的影响。郭沫若是新文化运动中最重要也最有成就的浪漫派诗人。他认为自己是第一个读到泰戈尔作品的中国人。1914年，他在不经意间读到了泰戈尔《新月集》中的诗篇，如《偷睡眠者》和《云与波》，立即被这种质朴的形式与诗人清新的语言所征服。他接着找来《伽比尔诗百首》与《暗室之王》。郭沫若曾写道，在一家图书馆找到泰戈尔的那些书后，他似乎找到了自己生命的源泉。

著名女作家冰心是新文化运动中受到泰戈尔巨大影响的另一位重要文学人物。她在给《泰戈尔诗选》中文译本写的序中，说泰戈尔是她青年时期最景仰的外国诗人。她的两部诗集《繁星》与《春水》收录了许多具有哲理意味的小诗，与泰戈尔的《飞鸟集》有颇多相似之处。

受到泰戈尔的影响或激励的中国现代诗人与作家，并不限

泰戈尔画像

于以上两位典型代表人物。我们还可以列举多人,如郑振铎、刘半农、徐志摩及林徽因。徐志摩夫妇还与泰戈尔结成异国的莫逆之交。

泰戈尔对待徐志摩与陆小曼,犹如膝下儿女,陆小曼曾自称感到从未有过的父爱和温暖。

泰戈尔在中国期间,曾亲自为徐志摩起了一个印度名叫索思玛。自此后,徐志摩在与泰戈尔通信中,常以"索思玛"自称,同时又称泰戈尔为"罗宾爹爹"。

泰戈尔也有一个中国名字,叫"竺震旦"。1924年,泰戈尔到访中国,恰逢他64岁生日。北京"讲学社"为在京的泰戈尔举行了一次别开生面的祝寿活动。祝寿活动中一个特别的节目就是梁启超主持献赠给泰戈尔一个中国名字。

梁启超在揭开这个名字之前,引经据典,说明这三个字的出处。他说"罗宾德罗纳特"有"太阳""雷"的含义,可引申为"如日之升""如雷之震",所以中译时意译为"震旦"。

接着,梁启超又说,古印度曾称中华为"震旦",而中国人也称印度为"天竺"。最后梁氏归结道:"按中国习惯姓名的称谓,前姓后名,那么若以国名为姓氏,以本名为名,泰戈尔先生的中国姓名不就是'竺震旦'吗?"

梁氏这一番博古通今、融汇中外的解释,博得全场的掌声。

泰戈尔是中国人民的朋友。他对中国人民表示了无限的友谊与深厚的同情。

他非常珍视中印友谊,对那些为两国文化交流做出巨大贡献的前人充满景仰之情。他在回顾历史时说:"那是多么伟大的朝圣之旅!那是历史上多么伟大的时代!那些了不起的英雄,为了自己的信仰,冒着生命危险,甘愿在漫长的岁月中远离故国,自我流放。许多人在中途倒下,身后了无痕迹。少数人幸存下来,向我们讲述他们的故事,但大多数人却没有机会给后世留下只言片语。"

令泰戈尔感到欣慰的是,他发现中印两国的先辈用生命缔造的珍贵友谊一直延续了下来。他在杭州的一次讲演中说道:"置身诸君之中,对于本不应有的种族之感或传统差异,我的心灵没有丝毫的担心。相反,我倒想起了印度称你们为兄弟并向你们示爱的时代。我希望,那种关系现在依然存在,珍藏在我们东方所有人的心中。建立这一关系的道路在几多世纪中可能已经长满荒草,但我们仍将寻觅它的遗迹。"

泰戈尔高度评价了中国人民的道德水平。他说:"你们是历史最为悠久的民族,因为你们拥有古老的智慧。是你们对善的信仰,而不是单纯对力量的信仰,哺育了你们的智慧。这就使你们有了辉煌的历史。"

在考察中国社会之后,他说道:"你们中国人不是分散的个体。你们的社会本身就是你们的团结精神的产物。""你们并不穷兵黩武。""你们执着地热爱这个世界和你们身边的万物,但并不将你们的财富封闭在孤立的围墙之中。"他断言中国人民已经"本能地掌握了事物的韵律……这是一种伟大的天赋,因为只有神才能懂得这一奥秘。"

在离开中国前夕,他动情地说:"你们非常有人性。我也感触到了你们内中的人性,我已经,或至少我觉得我已经与你们的心贴近了。我的心里不仅充满了仰慕与惊异之感,而且充满了爱的情感,特别是对那些我密切接触过的人们。"

泰戈尔

一个民族英雄的呐喊——鲁迅

鲁迅是我国现代伟大的文学家、思想家、革命家。他一生写作共计约600万字,其中著作约500万字,辑校和书信约100万字。作品涵盖杂文、短篇小说、诗歌、评论、散文、翻译作品等多种体裁形式,对"五四运动"以后的中国文学产生了深刻而广泛的影响。毛主席曾称赞他是中国文化革命的主将。

弃医从文

鲁迅原名周树人,出生在浙江绍兴一个官僚地主的家庭。13岁那年,祖父因科举舞弊案入狱,家境由此败落。

家庭的变故对少年时期的鲁迅产生了深刻的影响。他是家中长子,上有孤弱的母亲,下有幼弱的弟弟和妹妹,因此不得不与母亲一起承担起生活的重担。那时,他经常要拿着家里的东西去当铺变卖,再拿着钱到药店去取医生为父亲开的药。在家境好的时候,周围人的话语里包含着亲切,眼光里流露着温存。可自从他家变穷,周围人的话语就变得凉凉的,眼光也是冷冷的,脸上带着鄙夷的神情。周围人这种态度上的变化,在鲁迅心灵中留下了深刻的印象,这使他感到在当时的中国,人与人之间缺少真诚的同情心和爱心,人们是用"势利眼"看人待物的。

1898年,18岁的鲁迅离开家乡进了南京水师学堂,后来又改入南京路矿学堂。其间,鲁迅阅读了外国文学和社会科学方面的著作,开阔了视野。鲁迅认识到,现实世界并不是和谐完美的,而是充满了激烈的竞争。一个人,一个民族,要想生存,要想发展,就要有自立、自主、自强的精神,不能甘受命运的摆布,不能任凭强者的欺凌。

1902年,鲁迅到日本仙台医学专门学校留学。他之所以选择学医,是想救治那些像他父亲一样被庸医所害的病人,改善被讥为"东亚病夫"的中国人的健康状况。可有一次,在上课前放映的幻灯画片中,鲁迅看到一个中国人被日本军队捉住杀头,一

日本仙台

群中国人却若无其事地站在旁边看热闹。这使鲁迅深刻认识到，精神上的麻木比身体上的虚弱更加可怕。要改变中华民族在世界上的悲剧命运，首要的是改变所有中国人的精神，而善于改变中国人的精神的，则首先是文学和艺术。于是，鲁迅弃医从文，离开仙台医学专门学校，回到东京，翻译外国文学作品，筹办文学杂志，发表文章，从事文学活动。

1909年，鲁迅从日本归国。虽然1911年的辛亥革命也曾使他感到一时的振奋，但接着是袁世凯称帝、张勋复辟等历史丑剧的不断上演，以及社会的混乱、民族的灾难、个人婚姻生活的不幸，都使鲁迅感到苦闷、压抑。"五四运动"之后，他压抑已久的思想感情像熔岩一样通过文学作品猛烈喷发出来。在那时，他已经在教育部任职，并且随教育部一同迁居北京。

1918年，鲁迅在《新青年》杂志上发表了他的第一篇白话小说《狂人日记》，这是他第一次用"鲁迅"这个笔名发表文章。这篇小说，凝聚了鲁迅从童年时起到那时为止的全部痛苦的人生体验和对中华民族现代命运的全部痛苦思索。它通过"狂人"之口，把几千年的中国封建专制的历史痛斥为"吃人"的历史，向沉滞落后的中国社会发出了"从来如此，便对吗？"的严厉质问，大声疾呼："救救孩子！"。副刊

在此后的十几年间，鲁迅陆续创作出版了小说集《呐喊》《彷徨》、散文诗集《野草》、散文集《朝花夕拾》、杂文集《坟》、《热风》《华盖集》、历史小说集《故事新编》等。

鲁迅的一生，对中国文化事业做出了巨大的贡献：他领导、支持了"未名社""朝花社"等文学团体；主编了《国民新报副刊》《莽原》《语丝》《奔流》《萌芽》《译文》等文艺期刊；热

20世纪30年代的上海

忧关怀、积极培养青年作者;大力翻译外国进步文学作品和介绍国内外著名的绘画、木刻;搜集、研究、整理大量的古典文学,编著《中国小说史略》《汉文学史纲要》,整理《嵇康集》,辑录《会稽郡故书杂录》《古小说钩沈》《唐宋传奇集》《小说旧闻钞》;等等。

1936年10月19日因肺结核病逝于上海,葬于虹桥万国公墓。在他的灵柩上覆盖着一面旗帜,上面写着"民族魂"三个字。1956年,鲁迅遗体移葬虹口公园,毛泽东为重建的鲁迅墓题字。

文字的力量

人们很难想象,当时在日本留学的鲁迅如果一直学医,中国文坛甚至中国的社会会出现怎样的一个空白。虽然他没有像医生一样治病救人,但他的文字却如手术刀一般剖开社会的冷漠与虚伪,真正从灵魂上改变了国人的精神。

鲁迅的小说数量不多,但意义十分重大。他的小说总是把目光聚焦到社会最底层,描写这些底层人民的日常生活状况和精神状况。鲁迅曾说:"我的取材,多采自病态社会的不幸的人们中,意思是在揭出病苦,引起疗救的注意。"

这种表现人生、改良人生的创作目的,使他描写的孔乙己、华老栓、单四嫂子、阿Q、陈士成、祥林嫂、爱姑等这些普通人的悲剧命运赤裸裸地展现在世人面前。他们生活在社会的底层,需要周围人的同情和怜悯、关心和爱护,但在当时的中国社会,人们给予他们的是侮辱和歧视,对自己同类的悲剧命运采取的是一种冷漠旁观的态度,并通过欺侮比自己更弱小的人来宣泄自己受压迫、受欺侮时郁积的怨愤之气。

在《孔乙己》里,有恶意嘲弄孔乙己的短衫顾客;在《阿Q正传》中,别人欺侮阿Q,阿Q则欺侮比自己更弱小的小尼姑;在《祝福》中,鲁镇的村民把祥林嫂的悲剧当作有趣的故事来"欣赏"……所有这一切,让人感到一股透骨的寒意。鲁迅对他们的态度是"哀其不幸,怒其不争"。

鲁迅小说讲述的是平凡人的平凡生活,虽然没有离奇的故事,没有引人入胜的情节,却充满了无穷的艺术魅力。这种魅力来自他对人、对生活细致入微的描写和对人内在微妙心理的入木三分的刻画。为了揭示不同生活画面和不同人物命运的不同的意义,鲁迅的小说结构是多变的,几乎一篇有一篇的样式,一篇有一篇的写法。鲁迅的小说是小说,也是诗,意境幽深,外冷内热,其运用民族语言的功力达到了炉火纯青的地步。

如果说《呐喊》《彷徨》中的小说是鲁迅对现实社会人生的冷峻的刻画,意在警醒沉睡的国民,《朝花夕拾》中的散文则是鲁迅温馨的回忆,是对滋养过他生命的人和物的深情的怀念,为这个险恶世界的背景增添了亮色和暖意。鲁迅的散文把抒情、叙述、议论结合在一起,有时如平静的港湾,有时如波涛翻滚的大海,有时如湍急奔流的河水,有时又像蜿蜒曲折的小溪,千姿百态,体现了鲁迅散文创作的艺术成就。

最充分体现鲁迅创造精神和创造力的首推他的杂文。尽管"杂文"古已有之,但只有到了鲁迅的手中,"杂文"才"是匕首、是投枪", 这种文体才表现出它独特的艺术魅力和巨大的思想潜力。

鲁迅的杂文不但记录了他一生战斗的业绩,同时也记录了

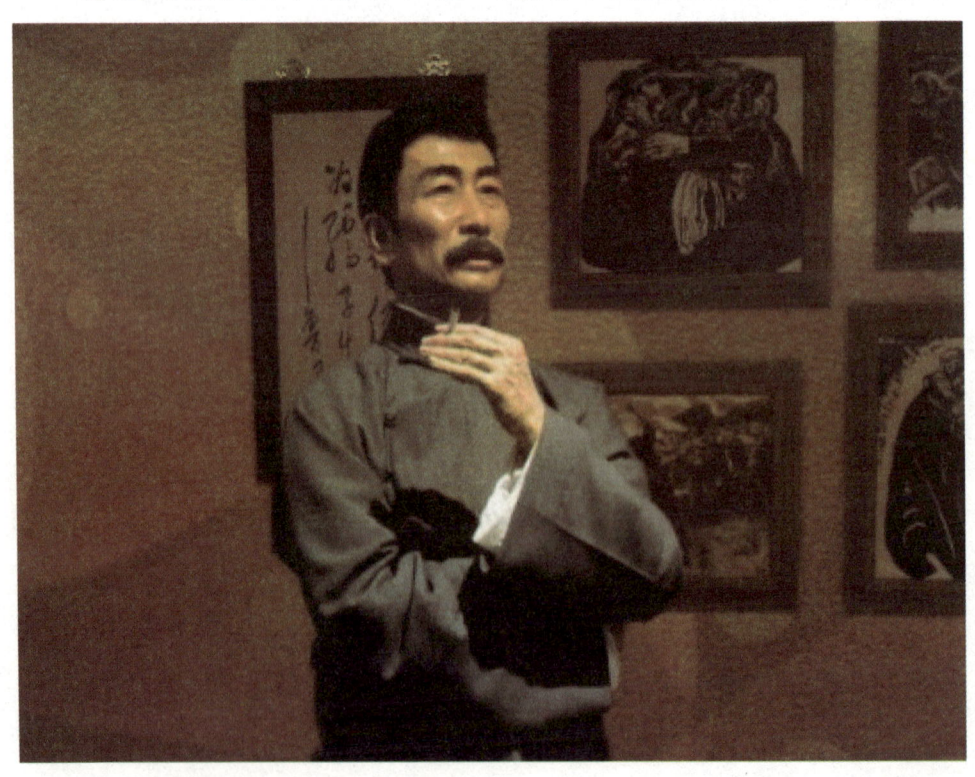

鲁迅蜡像

鲁迅那个时代中国的思想史和文化史。从"五四"起,鲁迅就开始用杂文的形式与反对新文化的各种不同的论调进行斗争,但那时他还是不自觉的。直到有些人嘲笑他是一个"杂文家"时,他才更明确地意识到杂文的力量,并且开始自觉地从事杂文的创作。

在杂文集中,鲁迅把笔触伸向了各种不同的文化现象、各种不同阶层的各种不同的人物,其中有无情的揭露,有愤怒的控诉,有尖锐的批判,有辛辣的讽刺,有机智的幽默,有细致的分析,有果决的论断,有激情的抒发,有痛苦的呐喊,有亲切的鼓励,有热烈的赞颂,笔锋驰骋纵横,文采飞扬,形式多样,变化多端。它自由、大胆地表现了现代人的情感和情绪体验,为中国散文的发展开辟了一条更加宽广的道路。

鲁迅晚年还完成了一部小说集《故事新编》。这部小说虽然取材于中国古代神话、传说和历史事实,但它没有拘泥于原有的故事,而是加入了鲁迅自己的理解和想象,有些还采取了古今交融的写作手法,使古代人和现代人发生直接的对话。通过《故事新编》中的小说,鲁迅重构了中国的文化史,揭示了中华民族存在和发展的根据,也重塑了那些被中国封建文人神圣化了的历史人物的形象。

鲁迅在生活中也有许多趣事。

鲁迅在厦门大学任教时,有一天路过一家"上等"理发厅,就随意走了进去。理发师见他身穿一件褪了色的长袍,脚穿一双布底鞋,头发乱蓬蓬的,心里看不起他,便很随便地剪了几下,不到十分钟就理好了。但出乎理发师的意料,鲁迅随手抓了一把钱给他,一句话没说就走了。理发师仔细一数,这些钱竟比规定价格多了好几倍。

过了一个多月，鲁迅又去这家理发厅理发，正巧又碰到那位理发师。鲁迅还是那身打扮，却受到了非同寻常的招待。理发师又递烟、又敬茶，足足理了一个多小时才把发理完。可又令他惊讶的是，鲁迅这次并没有像上次那样抓一大把钱给他，而是认真地按照价格数好铜钱付了账。

理发师不解，问其缘由。鲁迅笑着回答说："上次你胡乱给我理发，我就胡乱给你钱；这次你给我理得非常认真，我自然就要认真地按价格给你钱啦！"理发师羞得满脸通红，以后再也不敢"看人下菜碟"了。

从1927年12月至1931年12月，受蔡元培的聘请，鲁迅一直担任当时国民政府教育部的"特约撰述员"，每月薪金300块大洋。后来，时任国民政府行政院长的蒋介石，亲自兼任教育部长。这时有人向他告密说："现在部里的特约撰述员周豫才，就是周树人，也称鲁迅。他就是中国左翼作家联盟的发起人和头子，最激烈地反对你的中国自由运动大同盟。"

告密者的本意是借机迫害鲁迅，但蒋介石却认为是一次拉拢鲁迅的好机会，便回答说："这事很好。应该告诉他，我知道了这事很高兴。我很敬仰他，还想和他会会面。"接着，教育部派人向鲁迅转述了蒋介石的邀请。不想鲁迅断然拒绝，并因此辞掉了"特约撰述员"的职务。

意识流小说的代表——伍尔芙

伍尔芙被誉为20世纪的小说家，现代主义文学潮流的先锋。她对英语语言革新良多,在小说中尝试意识流的写作方法,试图去描绘人们心底的潜意识。爱德华·摩根·福斯特称她将英语"朝着光明的方向推进了一小步"。她的小说创作实践推动了现代小说的发展，她的理论进一步巩固了意识流小说的地位,她的影响在文学上经久不衰。"二战"后她的声望有所下降,但随着女权主义的兴起,她又成为文学界关注的对象。

伍尔芙

生命和记忆

伍尔芙出生于英国伦敦肯辛顿，海德公园门22号。她是莱斯利·斯蒂芬爵士与裘丽娅·达克沃斯所生的第三个孩子，同时也是第二个女儿。由于她的父亲与母亲都曾分别有过一次婚姻，在寡居几年后，再次组合一个新的家庭，因此伍尔芙自幼生长于一个大家庭中。这个家庭有8个孩子。

伍尔芙除父母外，还有一个非常知名的教父———美国驻

英国伦敦街道

伦敦的大使詹姆斯·罗梭·劳威尔。他希望这个可爱的小教女能继承她父亲的智慧与她母亲的美丽，而伍尔芙也确实实现了她教父的心愿——美艳绝伦，才华盖世。

这个家中的男孩，可以被送进名牌大学接受教育，可以在社会上谋到职位；而作为女孩的伍尔芙则常常被禁锢在家庭之中。她的教育、她的生活、她的事业都是在家庭内完成与实现的。在伍尔芙的一生中，家既有一般家庭的功能，同时又有学校的功能、社交场所的功能、病院的功能、工作场所的功能与事业成就的功能。

家是伍尔芙的精神家园，也是伍尔芙整个的人生舞台。家给了伍尔芙用之不尽的文学修养，也给予了伍尔芙刻骨铭心的死亡印象。13岁那年，母亲的死亡触发了她的第一次精神病；15岁那年，新婚不久、怀有身孕的姐姐斯蒂娜因腹膜炎而死亡；22岁那年，父亲去世；24岁时，英俊潇洒的哥哥索比死于伤寒。好的或坏的影响，正面的与负面的记忆，一同造就了伍尔芙，造就了她的独特，造就了她的人生。

父亲去世后，她和姐姐文尼莎迁居到了布卢姆斯伯里，与几位朋友创立了布卢姆斯伯里派文人团体。她在1905年开始职业写作生涯，最初为《泰晤士报文学增刊》撰稿。

1912年，伍尔芙与和他志同道合的公务员兼政治理论家伦纳德·伍尔芙结婚。三年后，她的第一部小说《远航》出版，其后作品都深受评论界和读者喜爱。她还和丈夫经营了一家出版社，这不仅成为他们二人生活世界的有机组成部分，日后也彻底改变了他们的经济状况，而且在整个英国出版界声誉日隆。伍尔芙夫妇先后发现了为数众多的伟大文学家，译介或出版了他们大量的优秀作品,在出版社的作者队伍中,获诺贝尔文学奖的著名作家就达5人。

1919年和1924年,伍尔芙推出了她的文学宣言书《现代小说》和《贝内特先生与布朗夫人》,挑战当时的英国文坛三大老牌权威贝内特、威尔斯和高尔斯华绥。接下来,她又创造出《墙上的斑点》《达洛维夫人》《到灯塔去》等作品奠定了她不可动摇的文学地位。

伍尔芙患有严重的抑郁症,她曾在1936年写给朋友的信中提及:"永不要相信我的信,不骗你,写这信之前我彻夜未眠,瞪着一瓶三氯乙醛,喃喃说着不能、不要,你不能饮。"

1941年3月28日,她在自己的口袋里装满了石头之后,投入了位于罗德麦尔她家附近的欧塞河,只留下了给丈夫的遗书。

年轻的遗言

一日早晨,伍尔芙给丈夫伦纳德写下了最后一封信。
最亲爱的:

我要告诉你,你已经给了我完全的幸福。没有人能比你做得更多,请相信。但我知道,这次我越不过去了。我正在浪费你的生命,就是这疯狂。没有任何人能用任何言辞说服我。你还能工作,没有我,你会好得多。你看我甚至连这封信都写不了,这表明我的选择是对的。我所要说的归结为一句话,病魔袭来之前,我们幸福美满。这完全归功于你。没有人能如你一如既往的善良、好心,人人都知道。

伍尔芙趁伦纳德到园子里做活的时候,偷偷溜出了家门。

她给伦纳德与文尼莎留下了永别的信,便走向了她孤独的旅

伍尔芙

程。伦纳德从花园里回到家中不见伍尔芙时,已预感不祥,对仆人说,她一定去自杀了。此时的伍尔芙,衣袋里缀满石头,在河岸边留下了自己的拐杖,沉入河水之中,这位知名的女作家在人生的帷幕后隐去、消失。伦纳德跑到河边,发现手杖在岸上,却不见伍尔芙的踪影,他与女佣、园丁和警察,一直搜寻到天黑。

伦纳德将伍尔芙失踪的消息告诉了他的姐姐文尼莎,在他的日记里简单地记录着"文哭了"。

第二天,他又顺着河岸找。朋友们都来安慰他,文尼莎很后悔自己从未想到伍尔芙自杀的可能性。几天后,伦纳德接到尸体被找到的通知。伦纳德将她的骨灰葬在一棵他们夫妇俩曾叫它"弗吉尼亚"的榆树下,在僧舍后边,面向池塘。在墓碑上镶嵌着她的小说《波浪》里的诗句"哦,我将一头砸向你——不可征服、不可撼动的死亡!"

伦纳德·伍尔芙独自生活了二十八年,1950年他开始写五卷本的自传,在编年史方面,得益于伍尔芙的作品。他参与

一些政治活动,并整理伍尔芙的遗稿。

伦纳德死于1969年8月14日,88岁高龄。他的骨灰葬于与伍尔芙紧邻的另一颗榆树下。后人在墓地雕刻了他们的头像。他们的爱超越了死亡。

伍尔芙虽然只活了59岁,但她短暂的生命已化作了永恒的艺术,照耀着人类。

意识流小说是20世纪西方现代文学所有流派中取得成就最大的文学流派。这种小说与传统小说不同,不是按照故事情节发生的先后次序或是按情节之间的逻辑联系叙述,而是随着人的意识活动,通过自由联想来组织故事。故事的安排和情节的衔接,一般不受时间、空间或逻辑、因果关系的制约,往往表现为时间、空间的跳跃、多变,前后两个场景之间缺乏时间、地点方面的紧密的逻辑联系。

所以,这种小说常常以一件当时正在进行的事件为中心,通过触发物的引发,人的意识活动不断地向四面八方发射又收回,经过不

伍尔芙

断循环往复,形成了一种枝蔓式的立体结构。

伍尔芙通过在意识流小说形式和技巧上不倦的探索和创新,形成了小说独特的艺术特色,使意识流小说达到了一个后人无法企及的高度。

伍尔芙成功地将意识流技巧运用于现代小说之中,以细腻的笔触、清新的风格描写了现代人生存中的种种困惑,并在创作中融入了独具个人风格的写作技巧。

伍尔芙通过新颖、独特的创作技法,成功地让读者看到了人物意识深处所散发的光芒。这种方式将英国小说从传统的现实主义模式中解放出来,扩大了传统现实主义创作方法的理念。

伍尔芙倡导新的小说美学,在小说形式和技巧上不断革新,使意识流技巧日臻完善,形成了独特的意识流小说,对整个意识流小说的发展具有举足轻重的影响,被赞誉为"意识流小说大师"。

伍尔芙画像

献给文学的生命——卡夫卡

弗兰兹·卡夫卡虽然是一位奥地利人，可他却成了20世纪最有影响力的德语小说家。他的文笔明净而想象奇谲，常采用寓言体，背后的寓意深刻。别开生面的手法，令20世纪各个写作流派纷纷追认其为先驱。他所生活和创作的主要时期是在第一次世界大战前后，当时经济萧条、社会腐败、人民穷困，这一切使得卡夫卡终生生活在痛苦与孤独之中。于是，对社会的陌生感，孤独感与恐惧感，成了他创作的永恒主题。美国诗人奥登评价卡夫卡时说："卡夫卡对我们至关重要，因为他的困境就是现代人的困境。"

荒诞小说

卡夫卡出生于捷克（当时属奥匈帝国）首府布拉格一个犹太商人家庭，是家中长子。他的父亲粗暴、专制，对儿子的学习和生活不闻不问，却总想把他培养成性格坚强而又能干的年轻人。可结果适得其反，卡夫卡内心深处一直对父亲有一种无法消除的畏惧心理,而且性格也变得敏感、怯懦、孤僻。

从1904年起,卡夫卡开始发表小说,早期的作品颇受表现主义的影响。1912年的一个晚上,卡夫卡通宵写出了短篇小说《判决》,从此建立了自己独特的风格。他生前共出版了7本小说的单行本和集子,死后好友马克斯·勃罗德违背他的遗言,替他整理遗稿,出版3部长篇小说(均未定稿),以及书信、日记,并替他立传。卡夫卡生前默默无闻,孤独地奋斗,随着时间的流逝,他的价值才逐渐为人们所认识,其作品引起了世界的轰动,并在世界范围内形成一股"卡夫卡"热,经久不衰。

卡夫卡一生的作品并不多,但对后世文学的影响却是极为深远的。美国诗人奥登认为:"他与我们时代的关系最近似但丁、莎士比亚、歌德与他们时代的关系。"卡夫卡的小说揭示了一种荒诞的充满非理性色彩的景象,个人式的、忧郁的、孤独的情绪,运用的是象征式的手法。20世纪三四十年代的超现实主义余党视之为同仁,20世纪四五十年代的荒诞派以之为先驱,20世纪六十年代的美国"黑色幽默"奉之为典范。

卡夫卡在《变形记》中讲述了一个由

卡夫卡

于沉重的肉体和精神上的压迫,使人失去了自己的本质,异化为非人的故事。而另一部短篇小说《饥饿艺术家》则描述了经理把绝食表演者关在铁笼内进行表演,时间长达四十天的故事。表演结束时,绝食者已经骨瘦如柴。后来他被一个马戏团聘去,把关他的笼子放在离兽场很近的道口,为的是游客去看野兽时能顺便看到他。可是人们忘了更换记日牌,绝食者无限期地绝食下去,终于饿死。这里的饥饿艺术家实际上已经异化为动物了。

卡夫卡的长篇小说《美国》和《地洞》等揭示的是人类现实生活中的困境和困惑感;而《审判》《在流放地》及《万里长城建造时》则揭示了现代国家机器的残酷和其中的腐朽。

短篇小说《万里长城建造时》中写道:"中国老百姓被驱赶去建造并无多大实用价值的长城,他们连哪个皇帝当朝都不知道,许多年前的战役他们刚刚得知,仿佛是新闻一般奔走相告。皇帝身边云集着一批能干而来历不明的朝臣,他们以侍从和友人的身份掩盖着艰险的用心。"

他还写出了表现民主主义思想的一句话:"在我看来,恰恰是有关帝国的问题应该去问一问老百姓,因为他们才是帝国的最后支柱呢。"

卡夫卡的《变形记》创作于1912年,发表于1915年。书中的主人公格里高尔是个小人物。父亲破产,母亲生病,妹妹上学。沉重的家庭负担和父亲的债务,压得格里高尔喘不过气来。他拼命干活,目的是还清父债,改善家庭生活。可以说,对父母他是个孝子,对妹妹他是个好哥哥,对公司他是个好职员。变成甲虫,身体越来越差,他还为还清父债担忧,还眷恋家人,甚至为讨父亲欢心,自己艰难地乖乖爬回卧室。这样善良、忠厚而又富有责任感的人,却最终被亲人抛弃。

格里高尔自始至终关心家庭、关心亲人,可是亲人对他的死无动于衷,而且决定去郊游。作者描写这种人情反差,揭示了当时社会生活对人的异化,致使亲情淡薄,人性扭曲。

卡夫卡用了许多笔墨描写了变形后的格里高尔悲哀凄苦的

卡夫卡博物馆

内心世界,他虽然变成了甲虫,可心理却始终保持着人的状态。当他突然发现自己变成大甲虫时的惊慌、忧郁,他考虑家庭经济状况时的焦虑、自责,他遭亲人厌弃后的绝望、痛苦,无不展示了一个善良、忠厚、富有责任感的小人物渴望人的理解和接受的心理。只是这种愿望终于被彻底的绝望所代替,弥漫在人物心头的是无边的孤独、冷漠与悲凉。

应该说,《变形记》的内在主线就是格里高尔变成甲虫后的心理和情感流动的过程,用内心独白、回忆、联想、幻想等手法,去表现人物的心理活动。他不断地回忆、联想过去和今后的事情,不时地由于恐惧焦虑、痛苦和绝望而产生幻想、幻觉,并且在自由联想中经常出现时空倒错、逻辑混乱、思维跳跃等,具有一定的意识流特征。

当然,不同的读者从不同的角度,会有不同的体验和理解。有人认为《变形记》的主题是表现人对自己命运的无能为力,人失去自我就处于绝境。也有人认为,格里高尔变成甲虫,无利于人,自行死亡;一家人重新工作,走向新生活;存在就是合理,生活规律是无情的。

卡夫卡的爱情

多拉在遇到卡夫卡时,他的生命已经进入了倒计时。那时的他天天咯血,而且对未来已经绝望,并拒绝治疗。然而,她依旧爱上了他。

年轻的多拉原本出生在一个富足、极富名望的犹太家庭里。倔强的她不想听从父母的安排,在一个自己并不爱的男人身边度过可怜的一生,于是毅然选择了离家出走。

就这样,19岁的多拉遇到了她的爱情——卡夫卡——一个被喻为20世纪的天才思想家和文学大师的犹太裔捷克人。他们的那场相遇,还有着几分戏剧的味道。

那一年,卡夫卡和她的妹妹及妹妹的两个孩子到波罗的海度假,一个偶然的机会,他们发现了一个来自柏林的犹太人度假村。一天,卡夫卡路过度假村的厨房,看到一个姑娘正在杀鱼,卡夫卡不由感叹道:"多么纤细的一双手啊,可干的活儿又是多么残忍啊!"那个杀鱼的姑娘便是多拉,卡夫卡的话,让多拉羞愧难当,她当即向度假村的领导要求换个活儿干。

卡夫卡

就这样,他们相识了,卡夫卡深邃的思想、幽默的谈吐,以及隐藏在这些表象背后的令人心碎的忧郁与绝望都深深地触动了多拉,而多拉身上那种坚毅与执着,以及青春的勃勃生机也深深地感染了卡夫卡。

多拉的出现唤起了被卡夫卡压抑和扭曲了一生的生活意志,爱情的力量使这个已经对自己的生命自暴自弃的男人重新燃起了活下去的希望,他开始孩子般俯首帖耳地听从多拉的话,认真地接受医生的治疗。

1924年的一天，医生告诉卡夫卡,他的病有了缓解的趋势,卡夫卡高兴得哭了,他紧紧地拥抱了多拉,说他从来没有像现在这样渴望康复,渴望着活下去。

卡夫卡在向多拉求婚的同时，还给多拉的父亲写了一封信,求他答应把女儿嫁给自己。然而,多拉的父亲无情地拒绝了卡夫卡的求婚。

病痛中的卡夫卡得知了多拉父亲的回信,泪流满面。

卡夫卡塑像

与卡夫卡同样遭受打击的,还有多拉。当她无比激动地等待着与爱人步入婚姻的殿堂时,等来的却是卡夫卡的葬礼。

因为没有被人承认的婚姻,多拉甚至无权拥有爱人的葬礼。然而,她还是来了,她固执而决绝地出现在卡夫卡的葬礼上,在一片责难与嘲讽的目光里,哭得死去活来。

卡夫卡一生有过多段爱情,即便这样,他仍然是那个胆怯、孱弱、自尊心很强却又极度自闭的人。他是那么多情的人,温柔怜悯,每个女人的美都能得到他恰如其分的欣赏。卡夫卡敞开去爱的背后是悲剧,至死前也未婚,却是最真、最纯粹的爱。

人民艺术家——老舍

文学巨人

在现代文学史上，很少有作家像老舍这样执着地描写"城与人"的关系，他用众多小说构筑了一个广大的"市民世界"，几乎包罗了现代市民阶层生活的所有方面，显示了老舍对这一阶层百科全书式的知识。老舍在观察表现市民社会时，所采取的角度是独特的。他关注特定"文化"背景下"人"的命运，在"文化"制约中的世态人情，以及作为"城"的生活方式与精神因素的"文化"的蜕变。

老舍原名舒庆春，满族人。由于他出生那天刚好是腊月二十三，就是民间传说灶王爷上天的日子，所以家人给他起了一个喜庆的名字——"庆春"。老舍的父亲属"正红旗"，是镇守皇城的旗兵，在八国联军入侵北京的时候死于战乱。

父亲的早亡让这个家庭失去了顶梁柱，只能靠母亲和姐姐为别人洗衣服做活勉强维持生活。他的童年是在清贫与寂寞中度过的。对于母亲、对于童年，他自己曾说过："我自幼便是个穷人，在性格上又深受我母亲的影响——她是个愣挨饿也不肯求人的,同时对别人又是很义气的女人。""……我的真正的教师,把性格传给我的,是我的母亲。母亲并不识字,她给我的是生命的教育。"

因为家里穷,老舍到 9 岁时还不认识一个字。也许做点小买卖或是当个学徒,是他最现实的选择。可就在那时,一位叫刘寿绵的私塾先生出现了,他将老舍带进了学校,《三字经》是他启蒙的第一课。

后来,老舍考入北京师范学校。在这五年学习生活里,老舍开始写诗、散文和演讲,这是在文化基础上奠定他将来创作生涯的第一步,也是他将来走向社会的一个重要起点。

五四运动带来的文学革命让他狂喜,他开始以白话文创作,写下了他第一篇习作《小铃儿》,叙述小孩子打洋人的故事,这无疑是老舍爱国主义的一个开端。

老舍纪念馆

25岁，老舍受聘到伦敦大学东方学院担任华语教员。在英国期间，他开始动笔写小说，《老张的哲学》《赵子曰》及《二马》，显示其独特风格和观察的特殊生活领域，为其文学之路奠定了重要基础。

回国后，老舍怀着爱国的激情和高昂的创作热情，由远方的英国转移到他熟悉的古老的中国社会现实中来，再加上对文学理论的研究，迎来了他第一个创作高产和丰收时期。许多重要的长篇小说，如《猫城记》《离婚》《牛天赐传》《骆驼祥子》等都是在这一时期创作的。这些作品奠定了老舍在中国文坛上的重要地位，使他成为了名副其实的大文学家。

1937年，抗日战争爆发，老舍成为抗战文艺最积极的实践者。他高涨的爱国热忱推动他的社会观和文艺观向着革新的方向发展，创作了一些抗战宣传的作品，如《四世同堂》。他也注意到通俗文艺形式，拜访鼓书艺人，学习和讨论鼓书，有许多曲艺的创作。同时，也融合相声的语言与戏曲的表现手法，大大加强话剧的创作，如《十五贯》。

抗战这一大形势，使老舍从学府的生活天地和市民的写作范围中突破出来，早期他还着力于赞颂、鼓励群众抗战爱国的热情，后来，人民的生活愈加困苦，他的眼光不得不转移到抗战背后的社会现象。国民党消极抗战、顽固统治，小官借机发国难财、吃抗战饭，老舍将这些形象用讽刺喜剧的形式刻画出来，更显黑暗现象与民族弱点的批判，也深化了老舍的爱国主义。

1949年，老舍回到了他朝思暮想的故乡——北京。这时期有最著名的剧作：《龙须沟》《茶馆》。但是，1962年开始的"文革"风潮，首要铲除的便是"黑五类"的文艺家，以老舍在文坛上的崇高地位,成为了首要目标。老舍疑惑的是,他也是穷人家出生,一辈子都在为穷人造福,批评资本主义社会的喧嚣、匆忙、拜金与贫富不均,为什么是"黑五类"?但不由分说,老舍即成为众矢之的。最后,他带着所有的绝望,投湖自尽了。

"京味"小说

老舍的作品中,最引人入胜的是那浓浓的北京味。老舍写市民凡俗生活中所呈现的场景风致,写已经斑驳破败仍不失雍容气度的文化情趣,还有那构成古城景观的各种职业活动和寻常事项,为读者提供了丰富多彩的北京画卷。

老舍

老舍的幽默带有北京市民特有的"打哈哈"性质,既是对现实不满的一种发泄,又是对自身不满的一种自我解嘲。总之,是借助笑来使艰辛的人生变得好过一些。用老舍自己的话来说,就是把幽默看成是生命的润滑剂。

老舍的语言艺术也得力于他对北京市民语言及民间文艺的热爱与熟悉。他大量加工运用北京市民直白浅易的口语,用老舍自己的话来说,就是"把顶平凡的语调动得生动有力",带出白话的"原味儿"来;同时,又在俗白中追求精致的美,这也是北京文化的特色。写出"简单的、有力的、可读的而且美好的文章"。老舍成功地把语言的通俗性与文学性统一起来,做到了干净利落、鲜活纯熟、平抑而不民俗、精致而不雕琢。其所使用的语词、句式、语气及说话的神态气韵,都有他独特的体味创意,又隐约渗透着北京文化。这也是"京味"的重要表现。老舍称得上"语言大师",他在现代白话文学语言的创造发展上有突出的贡献。

在著名的幽默作家群里,老舍先生无疑是风格独特、艺术卓著的一位,他以丰富多样的表现手法,刻画了形形色色身份不同、性格各异的人物形象,丰富了世界文学宝库。在老舍创造的艺术世界里,最为突出的特点,也是别人难以企及之处是他的幽默艺术。

在老舍的幽默中,虽然有笑料,也有逗乐,但这只是手段而不是目的。他始终是以悲悯的心理、同情的心态来关注社会的欠缺、人生的苦难等宇宙间的种种可笑之处,透过那些看似无意的戏谑,读者却能感到那力透纸背的情感,这是贯穿在老舍作品里的思想追求。不管老舍对他所熟悉的市民的生活方式是多么的不满,对生活中人们的退缩、保守、偏激、不思进取是多么厌恶,他嘲笑、他揶揄、他挖苦、他批判,但他始终怀着一副"热心肠儿",期望在他所描写的市民世界里发现对于人生的积极因素。

生活中,当面对弱小者的无知、自私与狭隘时,老舍的幽默是轻松的、俏皮的,也是智慧善良的。在《离婚》中,描写老李嫌弃乡下的老婆,然而自己却是"穿上最新式的西服会在身上打转,好像里面絮着二斤滚成蛋的碎棉花",事事特别小心,结果显得更慌张。接别人倒上的茶,"好像只为洒人家一身茶,而且烫了自己的手。赶紧掏出手绢给人家擦抹,好顺手

老舍故居

碰人家鼻子一下"。种种的矛盾,真令人可笑。

老舍的幽默中有讽刺,但不是毒辣的讽刺,即使对令人憎恶的强暴者与无耻之徒,他也是把讽刺和幽默结合起来使用。老舍对笔下的反面人物的刻画,显得丰富多彩,正是他善于运用一些漫画式的形象勾勒的结果。

硬汉作家——海明威

　　欧内斯特·米勒尔·海明威是著名的美国小说家,代表作有《老人与海》《太阳照样升起》《永别了,武器》《丧钟为谁而鸣》等。凭借《老人与海》,海明威获得1953年普利策奖及1954年诺贝尔文学奖。海明威去世时,约翰·肯尼迪总统在唁电中说:"几乎没有哪个美国人比欧内斯特·海明威对美国人民的感情和态度产生过更大的影响。"是的,他一生奉行"人可以被毁灭,但绝不能被打败",因此有"文坛硬汉"的美誉。

战士作家

　　海明威出生于美国的一个医生家庭。上中学时,海明威是一个热情的、好竞争的男孩,他学习成绩好,游泳、足球、射击等体育运动全面发展,还偷偷地到当地体育馆去学拳击,参加辩论团,在学校乐队里拉大提琴,编辑学校报纸《吊架》,还给文学杂志《书板》投稿,写短篇小说、写诗。有时他还会搭别人的车,出去旅行。

当代美国小镇

海明威毕业前两个月,第一次世界大战爆发,海明威怀着要亲临战场感受战争的热切愿望,加入美国红十字会战场服务队,投身意大利战场。一天夜里,他被炸成重伤,在米兰的医院里住了3个月,动了十几次手术也没有将他身体内的230多块炮弹片和机枪弹头取干净,他还换上了一块白金做的膝盖骨。战争带给海明威的是意大利政府授予的军功奖章、银质奖章和勇敢奖章,还有中尉军衔,但也带给他237处的伤痕和赶不走的恶魔般的战争记忆。

海明威在取得红色英勇勋章之后的5年内,海明威的父母亲对他想当作家感到厌烦。在海明威他刚过完21岁生日,他母亲下了最后"通牒":要么找一个固定的工作,要么搬出去。于是,海明威选择了搬出去,到芝加哥当了一年《合作福利》的编辑,这是一份宣传合作投资的机关报。

此后两年,海明威成了《星报》驻欧洲的流动记者。与此同时,他写小说、写诗,想找一个出版商发表他的东西,但一直没有找到。1925年,他终于出版了短篇小说集《在我们的时代里》。1926年,斯克利布纳公司出版了《太阳照样升起》。

1929年,反映第一次世界大战的长篇巨著《永别了,武器》问世,这给海明威带来了很高的声誉。

1937年初,海明威去到西班牙,还在那里发表了他唯一的一出长戏《第五纵队》。1939年,他在哈瓦那郊区"瞭望农场"购买了一份地产,就在地产山顶的房子里,创作关于法西斯主义、民主和个人的长篇小说《丧钟为谁而鸣》。

1942年到1944年,他被《柯里厄》杂志作为没有军籍的记者派往巴顿将军的第三军。海明威在英国同皇家空军协作,几次坐飞机参加战斗,没有受伤,但在伦敦一次灯火管制时汽车失事,他头部与膝部受伤。在联军登陆那一天,在诺曼底的福克斯·格林海滩上,海明威观看了几分钟战斗才回到船上。

他虽然名义上属于巴顿将军的军队,却同第一军第四步兵师一起行动,参加解放巴黎的战斗和凸地战役。德军反攻期间,他在休特曼森林地带冒着生命危险用短武器参加激烈的战斗。

当第二次世界大战结束时,海明威已经46岁了。他在站争的年代里,只发表了为《下午报》写的关于中日战争的报道,还有为《柯里厄》撰写的从欧洲战区拍回的电讯。当时他笼

"二战"时期美国宪兵队

统声称正在写一部作品,一部关于"陆地、海洋和天空"的长篇小说。1940年以后,海明威一次发表了长篇小说《过河入林》,但这并不是读者所期望的重头作品。

1951年,海明威在古巴完成了《老人与海》,并于第二年出版。这部小说是海明威最著名的作品之一。它围绕一位老年古巴渔夫,与一条巨大的马林鱼在离岸很远的湾流中搏斗而展开故事的讲述。

《老人与海》奠定了海明威在世界文学中的突出地位,这篇小说相继获得了1953年美国普利策奖和1954年诺贝尔文学奖。

1960年,海明威患上了疾病。1961年7月2日早晨,他用猎枪结束了自己的生命。

作为文学家的海明威,无法回避对人生细致的捉摸和深刻的领悟后产生的苍凉、虚无的悲哀,所以不得不用死亡去实现另一种圆满,这就是贯穿他一生的死亡情节。

从海明威的作品中可以看出,他是一个非常顽强和热爱生活的人,可人们不明白的是,为什么他却在晚年时选择自杀呢?

一生都喜欢冒险并有着复杂经历的海明威,多次与死亡擦身而过。1918年,海明威赴欧参加第一次世界大战,结果严重受伤。直到20年后,他谈起此次受伤时仍心有余悸。1936年,西班牙内战爆发,他以记者身份奔赴前线,目睹了西班牙内战中的生生死死。

第二次世界大战期间,他又以记者身份奔赴于各个战场,在前线的一次汽车事故中,他头部受重伤,伤口共缝了57针。其间,又因飞机失事造成严重脑震荡。1949年,他被猎枪的枪塞打伤了眼睛。1954年,他去非洲狩猎,遇飞机坠毁幸免于难。

海明威屡遭劫难,虽说大难不死,但死亡的阴影始终笼罩在他的心头,生活中稍稍有些异常就会引起他不吉利的联想。而这些传奇般的经历和独特而又复杂的遭遇,强化了海明威对生命的理解,而晚年的疾病更丰富了他对死亡的想象,使得他对死亡情节有着神经质般的敏感和宗教式的神秘。

海明威

海明威的最后十年是一个崩溃的过程。飞机的坠毁毁了他的健康,并给他蒙上死亡的阴影。而一直很英俊的海明威,到了老年却因慢性的皮肤病使他变得很丑,这使他深感苦恼。再加上严重的眼病、高血压、糖尿病、肝肾病,都让这位硬汉作家感到抑郁。为治疗抑郁,海明威在梅奥诊所进行了电击疗法。可这种治疗却对他的记忆力造成了致命的打击。

他进一步感到身体的恶化,他担心失去幻想力,而作为一位艺术家，艺术创造力的枯竭也意味着再也无法按照艺术想象的方式生活，也即是精神和生命的干涸，这是一个已经取得崇高成就和声誉的作家接受不了的。精神世界的毁灭让苟活的肉体没有了任何意义，因此他选择了自杀，为自己画上了一个勇敢的句号。

他是一个不能被打败的人，他情愿被毁灭，也不能被打败。

海明威的气度

海明威生平喜欢四处游历。他喜欢在西班牙看斗牛，在加勒比海钓马林鱼，在非洲猎搏猛兽。这些多彩多姿的生活经验都成为他写作的素材，并在作品中一一呈现。海明威说："真正的艺术家必须透过纸与笔，把万物逼真地描写出来。"他认为，好书都会让读者产生身临其境的感受。

海明威不但写作一丝不苟，就是平时也很厌恶华而不实的人。有一次，海明威在一个晚宴上遇到一个喜欢吹嘘又无实力的作家。他借故走开，但屡次被这个作家缠住。

最后，这个作家对海明威说："我老早就很想为您写传，希望在您百年之后，我有这个荣幸为你立传。"

海明威不喜欢对方的为人，但又不便当面拒绝，于是风趣地婉拒说："既然我知道你想为我写传，我就不得不设法活久一点了。"

海明威

海明威喜好冒险，曾先后参加了第一次世界大战、西班牙内战、第二次世界大战等三次战争。

第二次世界大战期间，海明威率领了一队非正规军，在法国与德军作战。有一次，他正在一间农舍内吃饭，突然德军的大炮轰了过来，大家都急忙跑到地窖躲避，只有海明威若无其事地继续饮酒、吃菜。

同伴们问他说："面对大炮的轰击，你为什么能够坐着不动呢？"

海明威笑了笑说："如果一听到炮声就躲的话，最后一定会得胃病的。"

日本新感觉派作家
——川端康成

川端康成是日本著名的小说家，由于幼年时父母双亡，此后姐姐和祖父母又陆续病故，他被称为"参加葬礼的名人"。他一生漂泊不定，心情苦闷忧郁，逐渐形成了感伤与孤独的性格，这种内心的痛苦与悲哀成为后来川端康成的文底色。他凭借在《雪国》《千只鹤》《古都》中对日本的传统美的精细刻画及对日本传统文学的承继而荣获1968年的诺贝尔文学奖。

羸弱的人生

川端康成出生于京都附近的大阪府，家道中落后，全家迁往东京。川端康成2岁丧父，3岁丧母，由祖父母带回大阪府扶养。由于身体羸弱，川端康成的幼年生活几乎没有与外界接触的机会。可这种过分的保护并没有使他健康起来，反而形成了忧郁、扭曲的性格。不幸的是，川端康成8岁时祖母去世，12岁时姐姐也去世了，16时岁祖父亦亡，最后被接到外公家扶养。

亲人的相继过世给川端康成留下的影响是一生的。当16

岁的川端预感到祖父将不久于人世时,就决心把祖父在病榻的情景记录下来,于是就有了他的《十六岁的日记》。

1920年9月,川端康成进入东京大学国文系。在大学期间,他在《新思潮》杂志创刊号上发表了处女作《招魂节一景》,受到文坛老前辈的称赞。川端康成的名字第一次出现在《文艺年鉴》上,标志着这位文学青年正式登上了文坛。

后来,川端康成遭到未婚妻伊藤初代解除婚约,他感到幸福的幻灭,经常怀着忧郁的心情到伊豆汤岛,写了未定稿的《汤岛回忆》,以及短篇小说《林金花的忧郁》和《参加葬礼的名人》《非常》《南方的火》《处女作作祟》等一系列小说。川端康成的小说主要描写了孤儿的生活,表现对已故亲人的深切怀念与哀思,以及描写自己的爱情波折,叙述自己失意的烦恼和哀怨。

1924年大学毕业后,川端康成踏上社会,就开始了文学创作生活。在一次去伊豆旅行时,他偶遇巡回艺人一行,与年少的舞女邂逅,第一次得到舞女的平等对待,并说他是个好人,他便对她油然产生了纯洁的友情;同样地,受人歧视和凌辱的舞女遇到这样友善的中学生,自然激起了感情的

川端康成

波澜。他们彼此建立了真挚的、诚实的友情,还彼此流露了淡淡的爱。川端将这段经历幻化为艺术,便是展现在读者面前的小说《伊豆的舞女》了。

1926年,川端康成一生唯一一部剧本《疯狂的一页》也被拍成电影。1931年,他写成《针、玻璃和雾》。

1934年,川端康成开始写《雪国》连载,3年后出了单行本。在此后的几十年间,川端康成发表了《故园》《千只鹤》《古都》等作品。

1968年10月17日,他凭借《雪国》《千只鹤》及《古都》等获得诺贝尔文学奖,他是历史上第一个获得此奖项的日本人,也是继泰戈尔、萨缪尔·约瑟夫·阿格农二位后第三个获此奖项的东方人。在瑞典科学院领奖时,川端康成朗诵了论文《美丽日本之下的我》,在这篇论文中,川端康成引用了几位日本古代得道高僧的诗词,来抒发自己对于日本及日本这个民族的审美体验。

1970年,川端康成的学生三岛由纪夫切腹自杀。当时有不少作家赶到现场,只有川端康成获准进入。川端康成很受刺激,对学生表示:"该死的应该是我"。

1972年4月16日,三岛自杀之后17个月,川端康成也选择含煤气管自杀,未留下只字遗书。

日本的美

川端康成一生写了100余部长篇、中篇和短篇小说,此外还有许多散文、随笔、讲演、评论、诗歌、书信和日记等。他的创作,就思想倾向而言是相当复杂的,并且经历了一个颇为曲折的发展过程。

他战前和战时的创作，可以大致归为两类：一类是描写他的孤儿生活，抒发他的孤独感情；描写他的失恋过程，抒发他痛苦感受的作品。由于所写的是他本人的经历和体验，虽然具有描写细腻、感情真挚、激动人心的艺术效果，但仅仅写出了他本人的经历和体验，所以思想高度和社会意义受到了一定局限。

日本富士山

另一类是描写处于社会下层的人物，尤其是下层妇女的悲惨遭遇，表现她们对生活、爱情和艺术的追求的作品，《招魂节一景》《伊豆的舞女》《温泉旅馆》《花的圆舞曲》和《雪国》等是这类作品的代表。这类作品比较真实地再现这些被侮辱者与被损害者的不幸，比较充分地表达她们的痛苦，作者对她们报以同情和怜悯。一般说来，这类作品在思想价值上要超过第一类作品。

川端康成在战后的创作尤其复杂。

一方面，他仍继续写作表现人们正常生活和感情的作品，其中或反映出社会存在的某些问题，或表达出对普通人民的同情态度，或流露出作者积极健康的审美情趣。另一方面，他又写出一批故事情节离奇的作品，在颓废的道路上越走越远。

川端康成对于作品的文学语言，有着极为严格的要求。据说他写完一节之后，总要反复推敲琢磨修改，最后往往删去大半。因此，他的文章虽然接近口头语言，但读来丝毫感觉不到啰唆。这也与他对于自己所描写的对象观察细致，熟谙于心有着重要的关系。

总之，川端的作品同其笔下的人物——主要是年轻妇女——一样，具有很强的魅力，这又同他的唯美主义倾向和执着地追求所谓"日本的美"有着难以割裂的联系。

川端康成

用爱与真写作——冰心

冰心，原名为谢婉莹，笔名冰心取自"一片冰心在玉壶"。她是我国现代著名诗人、作家、翻译家、儿童文学家，是我国"二十世纪中国杰出的文学大师，忠诚的爱国主义者，著名的社会活动家，中国共产党的亲密朋友"。她把她的一生都献给了孩子、祖国和人民，献给全社会和全人类。她一生的言行，她的全部几百万的文字，都在说明她对祖国、对人民无比的爱心和对人类未来的信心。她热爱生活，热爱美好的事物，喜爱玫瑰花的神采和风骨。她的纯真、善良、刚毅、勇敢和正直，使她在海内外读者中享有崇高的威望。

充满爱的一生

冰心出生于福州一个具有爱国、维新思想的海军军官家庭，她的父亲谢葆璋参加了甲午海战，抗击过日本侵略军，后在烟台创办海军学校并出任校长。

冰心4岁时随家人迁往山东烟台，此后的很长时间她都生活在烟台的大海边。大海陶冶了她的性情,开阔了她的心胸;而父亲的爱国之心和强国之志也深深影响着她幼小的心灵。冰心在烟台的家塾里开始了学习,7岁即读过《三国演义》《水浒传》等。与此同时,还读了商务印书馆出版的"说部丛书",其中就有英国著名作家狄更斯的《块肉余生述》等十九世纪批判现实主义的作品。

1913年,父亲谢葆璋去北京国民政府出任海军部军学司长,冰心随父亲迁居北京。1918年,冰心升入协和女子大学理预科,向往成为一名救死扶伤的医生。五四运动爆发后,冰心全身心地投入到时代潮流中。在爱国学生运动的激荡之下,她于1919年8月的《晨报》上,发表第一篇散文《二十一日听审的感想》和第一篇小说《两个家庭》。后者第一次使用了"冰心"这个笔名。之后所写的

冰心

《斯人独憔悴》《去国》《秋风秋雨愁煞人》等"问题小说",突出反映了封建家庭对人性的摧残,面对新世界两代人的激烈冲突,以及军阀混战给人民带来的苦痛。

她还发表了引起评论界重视的小说《超人》,引起社会文坛反响的小诗《繁星》《春水》,并由此推动了新诗初期"小诗"写作的潮流。1923年,冰心以优异的成绩取得美国威尔斯利女子大学的奖学金。出国留学前后,开始陆续发表总名为《寄小读者》的通讯散文,成为中国儿童文学的奠基之作。20岁出头的冰心,已经名满中国文坛。

成名后的冰心,仍然创作不辍,作品尽情地赞美母爱、童心、大自然,同时还反映了对社会不平等现象和不同阶层生活的细致观察,纯情、隽永的笔致也透露着微讽。1938年,吴文藻、冰心夫妇携子女于抗战烽火中离开北平,经上海、香港辗转至大后方云南昆明。1940年移居重庆后,她不仅热心从事文化救亡活动,还写了《关于女人》《再寄小读者》等有影响的散文篇章。抗战胜利后,1946年11月她随丈夫、社会学家吴文藻赴日本,曾在日本东方学会和东京大学文学部讲演,后被东京大学聘为第一位外籍女教授,讲授"中国新文学"课程。

中华人民共和国成立之初,她身居日本,心向祖国,夫妇两人冒着生命危险,冲破重重阻难,于1951年回到日思夜想的祖国,从此定居北京。她勤于翻译,出版了多种译作。她所创作的大量散文和小说,结集为《小桔灯》《樱花赞》《拾穗小札》等,皆脍炙人口,广为流传。

冰心的一生都伴随着世纪的风云变幻,她一生坚持写作了75年,是新文学运动的元老。她的写作历程,显示了从"五四"文学革命到新时期文学的中国现、当代文学发展的伟大轨迹。她开创了多种"冰心体"的文学样式，进行了文学现代化的扎扎实实的实践。

充满爱的文字

与同时代的其他伟大作家不同，冰心有一个幸福的童年、温暖的家庭。她有一位舐犊情深的父亲，他非常疼爱自己这唯一的女儿，常带她去海边玩。她的母亲也是一位性格温柔、恬淡处世的人，是一位典型的有文化的贤妻良母。冰心和母亲的感情极好，母女俩常常紧紧地依偎在一起，悄悄地说些知心话。

有一次，小冰心顽皮地问："妈妈，你为什么这样爱我？"母亲笑了："不为什么，只因为你是我的女儿。"正是这种只讲付出而不求回报的崇高母爱，使冰心姐弟们生活在一个明亮的天空下，并把"爱"的种子种在了冰心的心里。

冰心的母亲是个能接受新事物的女子，她的几个兄弟都是同盟会会员，常常寄些进步刊物给她阅读。她最爱看的是同盟会的刊物《天讨》。在母亲的影响下，冰心也开始偷偷阅读起革命书籍来。辛亥革命爆发，母亲如饥似渴

冰心与家人

地读《申报》，还将仅有的一点儿首饰换成洋钱，捐给了起义的军队。冰心也效仿妈妈，走上大街，把攒的压岁钱捐了出来。所以，爸爸妈妈在冰心的心中种下了爱国的种子，让她一生牵挂着祖国的命运。

除了父母亲的挚爱，冰心还享有丰厚的手足之情。她与三个弟弟之间情感深厚，他们常常在一起谈天论地，说古论今，游戏嬉笑，亲如一人。

父母的慈爱，姐弟的和睦，使冰心内心充满了爱。正因为如此，才使她的作品以爱为主题。这些，在她的小说、散文、诗歌中都可以感觉得到。凡读过《寄小读者》的人，都知道冰心的哲学中心是一个"爱"字。她爱大海，爱母亲，爱全国的小朋友。在《繁星》和《春水》两部诗集中有许多诵吟自然、母爱、人类之爱的小诗。

冰心自幼聪慧好学，还特别喜欢听故事。为了鼓励她用心学习，当时担任她家塾督师的舅舅常对她说："你好好做功课吧，等你做完了功课，晚上我给你讲故事。"

舅舅给她讲的第一部书是《三国演义》。那曲折的情节、鲜活的人物深深吸引了小冰心。等讲完一段，舅舅总是再讲一回。为了每天晚上都能听"三国"的故事，她学习更认真了，功课总是做得又快又好。可舅舅晚上常常有事，不能给她讲"三国"，有时还会中断好几天，这可把小冰心急坏了。

不得已，当时年仅7岁的她只好拿起舅舅的《三国演义》自己看。最初，她大半看不懂，虽然囫囵吞枣，可她还是硬着头皮看下去。就这样连猜带蒙，冰心慢慢地理解了书中的一些内容，她越看越入迷，看完《三国演义》，又找来《水浒传》《聊斋志异》……

母亲见她手不释卷,怕她年纪太小,这样用功会伤了脑子,便竭力劝她出去玩,可她不肯。没办法,母亲只好把书给藏起来,可小冰心总能找出来。

冰心不但把读过的书都用心记住,还时常把书中的故事讲给别人听。假日时,身为军官的父亲带她到军舰上去玩,水兵们听说这个七岁的小孩子会讲"三国"故事,就纷纷围住她让她讲。当小冰心神气而又一本正经地说:"天下大势,分久必合,合久必分……"时,众人被她那稚气的神情逗得捧腹大笑。

冰心墓

冰心对唐诗抱有浓厚的兴趣,而且能很快地背诵许多有名的诗篇,还开始学做对联。

有一回,老师想考考她,就让她对对子。老师刚说了:"鸡唱晓。"她就脱口而出:"鸟鸣春。"老师一愣又说:"榴花照眼红。"她思考了一下,便从容应道:"柳絮笼衣白。"这可把老师乐坏了,连连称赞说:"对得好,对得好。"

小冰心就是这样漫无目的却兴趣盎然地在书的海洋里游泳。书海启迪了这个小女孩的智慧,丰富了她的知识,一步步地把冰心送入了文学的殿堂。

中国现代文学巨匠——巴金

他，曾是一位世纪老人。他被称为中国的卢梭，是中国现代文学巨匠，是我国现代著名的小说家、散文家。他生前凝聚毕生的激情与智慧，写下了《雾》《雨》《电》《家》《春》《秋》。《萌芽》《寒夜》《随想录》《死去的阳光》《新生》……他，就是巴金。

写作热情

巴金原名李尧棠，字芾甘。"巴金"这一笔名源自他在留学法国时认识的一位巴姓的同学巴恩波，这位同学去世时，巴金正在翻译克鲁泡特金的著作。于是，他把这二人的名字各取一字，成了他的笔名。

巴金出身于四川成都一个官僚地主家庭。在五四运动中，他接受了民主主义和无政府主义思潮。1920年至1923年，巴金在成都外语专门学校（四川大学前身之一）攻读英语，参加进步刊物《半月》的出版工作，参与组织"均社"，进行反封建的宣传活动。1922年在《时事新报·文学旬刊》发表《被虐（待）者底哭声》等新诗。

1925年自南京东南大学附中毕业后，他经常发表论文和译文，宣传无政府主义。1927年赴法国留学。在法期间，他一方面大量阅读西方哲学和文学作品；另一方面，时时关心着祖国的命运，思念着苦难中的国家和人民。他怀着这份深厚的感情，写下了反抗黑暗势力的第一部长篇小说《灭亡》。1929年第一次以"巴金"的笔名在《小说月报》发表，引起文坛内外的普遍关注。

1928年冬，他从法国回到上海。在这期间，翻译了克鲁泡特金的《伦理学的起源和发展》、托尔斯泰的《丹东之死》、高尔基的《草原的故事》等大量外国文学、思想文化作品；随后，以极大的热情投身于文学创作之中，写下了长篇小说《家》《春》、"爱情三部曲"、中篇小说《死去的太阳》，出版了《复仇》《光明》等多部短篇小说集。

巴金

巴金把大量的时间和精力用在编辑和出版工作上，支持许多进步作家的创作，为发展进步文艺事业做出了不可磨灭的贡献。

1937年抗日战争全面爆发后，他担任郭沫若主持的《救亡日报》的编委，并和茅盾共同主编《呐喊》杂志，其间写下了不少充满爱国激情的诗文。

巴金塑像

1938年后，他在广州、上海、昆明、重庆、桂林、成都等地从事出版工作，并发表了宣传抗战的小说《火》，完成了长篇小说《秋》《憩园》《第四病室》《寒夜》等的创作。抗战胜利后，他回到上海，继续在文化生活出版社从事出版和翻译工作。

1949年7月，他参加了在北京召开的中华全国文学艺术工作者代表大会，并被选为全国文联委员。中华人民共和国成立前夕，他作为中华全国文学艺术界联合会的代表，出席了中国人民政治协商会议第一届全体会议。

1936年时，巴金已经是一位声誉卓著的作家。当时的巴金32岁，风华正茂，尽管追求者众多，可他却一个都没看上。

一天，巴金收到一个署名"一个十多岁的女孩"写来的信。这个女孩几乎通读了巴金所有的作品,并为之感动。这个女孩真名叫陈蕴珍,也就是日后的萧珊。

就这样,他们开始了长达8年的恋爱。在这8年中,他们在战乱的烽火中几度离散,几度相聚,尽管天南地北,却仍然两情依依。

结婚时,巴金在桂林漓江东岸借了朋友一间房作为新房,他没有添置一丝一棉,一桌一凳,只带着一张4岁时与母亲的合影。婚后的四五年中,他们仅有两次小别,此外巴金就不曾离开过上海,不曾离开过萧珊和女儿小林,他深深地爱着这个家。

1960年冬天,全国正陷于饥荒危机。巴金回到老家四川,由当时的成都市市长李宗林安排,他在省委招待所住了4个月,修改《寒夜》等小说。在成都,他的饮食甚丰,可想到家中妻子儿女很可能"三月不知肉味",他就积攒了一些花生、罐头等可以带回家的食品。

巴金

两个人的相互扶持让巴金总结出爱情的真谛——爱一个人后,要了解,也要开解;要道歉,也要道谢;要认错,也要改错;要体贴,也要体谅;是接受,而不是忍受;是宽容,而不是纵容;是支持,而不是支配;是慰问,而不是质问;是倾诉,而不是控诉;可以随时牵手,但不要随便分手……

1972年7月中旬,萧珊的癌细胞已经扩散到肝部。在这种情况下,巴金获准照顾妻子。同年8月8日,萧珊进了手术室。手术前,她生平唯一一次对巴金说:"看来,我们要分别了!"巴金用手轻轻捂住萧珊的嘴巴,他低下了头。两人泪水交融,肝胆欲碎。

巴金默默地陪着妻子,萧珊含泪望着憔悴的丈夫说:"我不愿丢下你。没有我,谁来照顾你啊?"巴金心中充满了酸楚,只是期望妻子尽快恢复健康。

萧珊辞世后,巴金很长时间回不过神来,他坐在桌前,却无法写出一个字。巴金对萧珊一往情深,他曾在怀念萧珊的文章中写道:"人死犹如灯灭。我不相信有鬼。但是,我又多么希望有一个鬼的世界。倘使真有鬼的世界,那么我同萧珊见面的日子就不太远了。"

爱读书的巴金

在巴金先生的家,从储藏室到楼道口、从卧房内到厕所间,到处都是他买来的书。巴金爱书,在文化圈内是出了名的。其藏书之多,在当代文人中恐怕无人可比。

1949年上海解放前夕,巴金一家的生活已经很拮据。为了生活,妻子会从菜场买来价廉的小黄鱼和青菜,用盐腌起来,晾干。然后每天取出一点,就算全家有了荤腥和蔬菜吃了。这两个

巴金故居

菜,竟然支撑了全家半年的伙食。

有一天傍晚,楼梯传来巴金沉重的脚步。家人迎上前去,见巴金气喘吁吁地提着两大包刚买来的书。妻子问道:"又买书了?""嗯,当然要买书了。"巴金回答道。

向来十分尊重并什么都依着巴金的妻子说:"可家里已经没有什么钱了。"

巴金问也不问家里到底还有多少钱,日子能不能过下去,就说道:"钱,就是用来买书的。都不买书,写书人怎么活法?"

第二天,他又带着孩子们去逛书店了。

中国戏剧的奠基人——曹禺

曹禺是中国话剧史上继往开来的剧作家。在他之前，剧作家们大多以话剧作为宣传民主革命思想的工具，因此没有机会更多推敲话剧的艺术问题。而曹禺不仅继承了先驱们反帝反封建的民主精神，同时广泛借鉴和吸收了中国古典戏曲和欧洲近代戏剧的表现方法，把中国的话剧艺术提到了一个新的高度。他一生写了10多部戏，作品不但提高了中国戏剧文学的水平，同时对表演艺术和舞台艺术也产生了深刻的影响，使话剧真正成为综合性艺术。

剧作大家

曹禺原名万家宝，祖籍湖北潜江，生于天津。曹禺的父亲曾在清朝末年留学日本东京士官学校，与阎锡山为同学。母亲薛氏出生于商人家庭，生下万家宝三天后就去世了。薛氏的胞妹后来成为万家宝继母，她始终把万家宝看作是自己的亲生骨肉，并终身未生育。

曹禺的出身使他从小就有机会接触和观察他的家庭及亲朋好友的家庭，亲身体会了封建家庭里复杂的人和事。由于曹禺和父亲、哥哥的关系不合，因此家庭在曹禺的心中就像是一个阴森的坟墓。在后来的剧本创作中，曹禺也把对旧式大家庭的感觉写进了一个又一个故事中。

1926年，年仅17岁的曹禺就开始在天津《庸报》副刊《玄背》上连载小说《今宵酒醒何处》，并第一次使用笔名"曹禺"。1929年，曹禺考入清华大学外文系，广泛钻研从古希腊悲剧到莎士比亚戏剧及契诃夫、易卜生、奥尼尔的剧作。在四年大学即将毕业前夕，曹禺创作了四幕话剧《雷雨》，并于次年公开发表，很快引起强烈反响，它不仅是曹禺的处女作，也是他的成名作和代表作。这部作品不仅奠定了他在中国话剧史上的杰出地位，而且该剧也成为中国话剧艺术从年轻走向成熟的标志。

《雷雨》以富有动感而精美的语言，充分展示了话剧这门"说话的艺术"的魅力。在千百个舞台上曾以多种面貌出现，被不同的人们饱含深情地演

曹禺塑像

绎着,解读着,并一举将中国话剧推上了历史上最轰动热烈的巅峰时期。鲁迅在看过《雷雨》后十分兴奋,对到访的美国记者斯诺说,中国最好的戏剧家有郭沫若、田汉、洪深和一个新出的左翼戏剧家曹禺。

1936年5月,曹禺在巴金等人的鼓励和催促下,开始创作《日出》,并从6月开始在《文季月刊》上连载。《日出》发表后,由萧乾主持,天津《大公报·文艺》副刊邀请了当时文坛上各种派别的大家,包括茅盾、巴金、叶圣陶、沈从文、靳以、李广田、朱光潜、杨刚、荒煤和燕京大学西洋文学系主任"中国通"谢迪克等,进行了两次集体讨论,盛况空前。整个评论界为一个剧本如此兴师动众,在中国话剧史乃至中国现代文学史上还是第一次。

1936年和1937年,曹禺分别出版了他的重要剧作《日出》和《原野》。曹禺抗战期间的重要剧作是《北京人》。中华人民共和国成立后,曹禺创作的剧本主要有《胆剑篇》《王昭君》等。

1992年,全国优秀剧本创作奖更名为"曹禺戏剧文学奖"。1996年12月13日,曹禺逝世。

曹禺的出现在中国话剧史上有重要的意义,他的《雷雨》和《日出》,是现代话剧艺术成熟的标志。无论在人物形象、大型化的结构、戏剧语言等方面的创造上,他所达到的水平,都高于过去的剧作家,把我国话剧艺术提高到了一个崭新的水平。

曹禺是一个热情敏感的戏剧诗人,他的作品中虽然有理性的思考,但更多的是激荡与热烈的情怀的喷涌,它带着他的难以遏制的爱与恨,带着他的血和泪,塑造出一群活生生的、复杂的人物形象。

曹禺剧本的戏剧冲突都是相当尖锐、紧张的。以《雷雨》为例，他使用了一种锁闭式的结构，剧本所要表现的便是各种冲突的最后结局，这些冲突的缘由，则在人物的对话中用回叙的方式来交代。在《日出》中，曹禺又使用人像

曹禺故居纪念馆

展览式的方式，剧中人物虽有主次，但并无中心人物，而且互为宾主，交相映衬；冲突也非单线的，而是多线索交错，共同地体现主题。

"高度性格化，富于动作性，有诗意、有境界，声调铿锵，节奏鲜明"是曹禺戏剧语言的最大长处。周朴园式的专制暴君、鲁贵的狡猾奴性、方达生的书呆气……这些人物的性格特征，都得力于曹禺创作的语言。曹禺让他们一张口，就能使观众看到其身份、地位、职业、教养、性格特征等。

曹禺在话剧艺术创作中，更多地吸取了西方戏剧的优点，经

过消化、融汇，使这外来的戏剧形式为我所用，第一次在较大的思想容量和深刻性上表现了中国的民族生活。可以说，曹禺对欧洲命运悲剧、性格悲剧、社会悲剧在艺术上都有所吸收，他把这些集中在一起，从本民族的生活出发，写出了中国现代真正的悲剧，用西方悲剧观念来衡量也是够标准的一出悲剧。

认真的曹禺

曹禺深厚的创作功底，与他平时对知识的摄取是分不开的。抗日战争时期，他在大后方江安国立戏剧专科学校教书，常常书本随身带，走路也要看书。

有一个夏天，曹禺正在书桌前看书，他的夫人郑秀在浴缸里放好了温水，让他去洗澡。可此时的曹禺正在看书，他实在不愿放下手中的书，就一推再推。最后，他在夫人的一再催促下，一手拿着毛巾，一手拿着书步入内室。当郑秀听到里面传来了"哗哗"的水声才放心地离开。

可过了好久也不见曹禺走出来。郑秀这下子可着急了，赶忙走进浴室去查看。只见曹禺老师根本没有脱衣服，正坐在浴缸旁的小木凳上，一只手拿着浴巾在浴缸里划水，一只手捧着一本书认真读着。曹禺先生见到夫人以后，兴奋地说："看完了，不错，很不错！"

自 1935 年上演，《雷雨》屡演不衰，受到无数观众的欢迎与好评。可在 1954 年的春天，北京人民艺术剧院在中华人民共和国成立后第一次排演《雷雨》时，作为剧作者和院长的曹禺，竟对台词做了比较大的删改。

第二幕繁漪原来有这样一大段独白——"热极了，闷极了，这里真是再也不能住的。我希望我今天变成火山的口，热烈烈冒一次，什么我都烧得干净，当时我就再掉在冰川里，冻成死灰，一生只热热地烧一次，也就算够了。我过去的是完了，希望大概也是死了的。哼！什么我都预备好了，来吧，恨我的人，来吧，叫我失望的人，叫我忌妒的人，都来吧，我在等着你们。"

这段独白一共有一百多个字，结果被删改成——"热极了，闷极了，这样的生活真没法子过下去了。"虽然这段删改后的独白只剩下了近20个字，但简单明了的语言让繁漪内心深处对于生活的不满表现的更加强烈。曹禺的修改真可以算是精益求精了。

曹禺最后的日子里，前后在北京医院住了8年，在此期间他的灵魂深处，始终没有离开过文学创作，自然主要是戏剧创作。那段时间，曹禺的枕头边上常常放着《托尔斯泰评传》之类的书。他看起来很是认真，很有兴致。有时，他看着看着突然一撒手，大声说："我就是惭愧啊，你不知道我有多惭愧。我要写出一个大东西才死，不然我不干。我越读托尔斯泰越难受。你知道吗？"

曹禺

魔幻现实主义文学代表
——马尔克斯

　　加夫列尔·加西亚·马尔克斯是哥伦比亚作家、记者和社会活动家,拉丁美洲魔幻现实主义文学的代表人物,20世纪最有影响力的作家之一。1982年,马尔克斯凭借被誉为"再现拉丁美洲历史社会图景的鸿篇巨制"的《百年孤独》一书获得诺贝尔文学奖。

文学之路

　　马尔克斯出生于哥伦比亚的一个医生家庭。父母居无定所,家庭生活贫困。8岁以前,马尔克斯一直生活在外祖父家。他的外祖父是一位受人尊敬的上校,外祖母是一位勤劳的主妇,而且很会讲神话故事。童年听到的那些充满幻想和神奇色彩的故事,为马尔克斯后来的文学创作提供了丰富的素材。

　　1936年,马尔克斯进入学校学习,在校期间阅读了大量世界

哥伦比亚

名著。虽然后来马尔克斯考入了波哥大国立大学攻读法律，可热爱文学的他对法律一点兴趣都没有，再加上当时政局动荡，他只好中途辍学进入报界。

在任《观察家报》记者期间，他先后游历欧洲各国，并在《观察家报》上发表了十几篇短篇小说。1955年，他因连载文章揭露被政府美化的海难而被迫离开哥伦比亚。

那一年，马尔克斯发表了短篇小说《伊莎贝尔在马孔多观雨时的独白》和他的第一部长篇小说《枯枝败叶》。小说一经发表，其新颖的构思、笔法多变的才华立刻引起拉美文学界的重视，受到无数好评。在《伊莎贝尔在马孔多观雨时的独白》中，首次出现了神奇的马孔多镇和连绵不断的滂沱大雨，是《百年孤独》同一地点和类似场景的试笔。

1967年，马尔克斯发表了文学巨著《百年孤独》，这为他赢得了世界性的声誉，并奠定了他在世界文坛上的地位。由于这部小说的成功，他先后获得哥伦比亚文学奖、法国最佳外国作品奖和拉美最高文学奖——罗慕洛·加列戈斯国际文学奖。《百年孤独》标志着魔幻现实主义的成熟，也是拉美魔幻现实主义的代表作。1982年,《百年孤独》还获得了诺贝尔文学奖。

得奖后,马尔克斯又推出了长篇小说《霍乱时期的爱情》和《迷宫中的将军》《我的上校外祖父的故事》等作品。

1999年,马尔克斯罹患淋巴癌,此后文学产量骤减,2006年宣布封笔。

《百年孤独》

魔幻现实主义于20世纪40年代形成于拉丁美洲,20世纪60年代以后取得了辉煌的成就,被称为"文学爆炸"。魔幻现实主义作家将印第安人的传统观念和拉丁美洲的"神奇的现实"熔于

加西亚·马尔克斯

一炉,同时又受到欧洲现代主义文学,特别是超现实主义文学的影响。作品题材来自现实生活,但在创作上追求新奇和怪诞风格。他的出现,使这一地区的文学现象蔚然改观,欧美社会上还出现了一个"拉丁美洲文学热"的高潮。而马尔克斯的《百年孤独》就是魔幻现实主义的代表作。

书中讲的是小镇的创始人何塞·阿尔卡蒂奥·布恩迪亚最初为了逃避家族的责备逃离家乡,他率领20来户人家走到海边,无路可走,于是在那居住下来,给那个地方取名"马孔多"。

布恩迪亚为全村人合理地设计村镇的布局,带领大家共同建设马孔多。后来,随着吉卜赛人、阿拉伯人、欧洲各地的人及美国人不断涌进这个世外桃源,各种各样的"新奇"东西也随之进入这个新开发的小镇。布恩迪亚为那些新奇的东西而兴奋着迷,他不断地接受新事物。竟然在不断地"发明"和"探索"中变得神魂颠倒,最后发疯,被家人捆在大树下,成了个"活死人"。

他的二儿子奥雷里亚诺曾身经百战,可到头来他和战友们的流血奋斗丝毫没有意义。闹了半天,一切依旧,暴君走了一个又来一个。政府公然背信弃义,而他的党内的一些人为了个人利益对前政敌唯唯诺诺。奥雷里亚诺上校绝望地把自己关在作坊里制作小金鱼,再也不关心国内局势,最终无声无息地死去。

他的女儿阿玛兰妲,因为妒忌丽贝卡——她母亲的养女,先是与丽贝卡明争暗夺意大利商人皮埃特罗的爱情,之后在他向阿玛兰妲求婚时,她又断然拒绝了他。皮埃特罗不堪连续打击,愤而自尽。不久阿玛兰妲又成了格林列尔多的未婚妻,可是在他准备同她结婚时,她又坚决地拒绝了他。她整天织她的裹尸布,日织夜拆,打发日子。丽贝卡和布恩迪亚的大儿子结婚后,他们的生活方式被村人憎恨。在她丈夫被人杀死后,丽贝卡把自己反锁在屋内,完全与世隔绝地度过了后半生。

《百年孤独》全书近30万字,内容庞杂,人物众多,情节曲折离奇,再加上神话故事、宗教典故、民间传说及作家独创的从未来的角度来回忆过去的新颖倒叙手法等,令人眼花缭乱。但读完全书,读者可以领悟,作家是要通过布恩迪亚家族7代人充满神秘色彩的坎坷经历来反映哥伦比亚乃至拉丁美洲的历史演变和社会现实,要求读者思考造成马孔多百年孤独的原因,从而去寻找摆脱命运捉弄的正确途径。

加西亚·马尔克斯

图书在版编目（CIP）数据

历史上著名的文学家 / 张杰编著. -- 长春：吉林出版集团股份有限公司，2014.10
（历史的天空 / 张帆主编）
ISBN 978-7-5534-5663-8

Ⅰ. ①历… Ⅱ. ①张… Ⅲ. ①作家－生平事迹－世界－少儿读物 Ⅳ. ①K815.6-49

中国版本图书馆CIP数据核字（2014）第 221359 号

历史的天空（彩图版）
历史上著名的文学家
LISHI SHANG ZHUMING DE WENXUEJIA

著　　者	张　杰
出 版 人	吴　强
责任编辑	陈佩雄
开　　本	710 mm × 1000 mm　1/16
印　　张	10
字　　数	150千字
版　　次	2014年10月第1版
印　　次	2021年11月第3次印刷
出　　版	吉林出版集团股份有限公司
发　　行	吉林音像出版社有限责任公司 吉林北方卡通动漫有限责任公司 （吉林省长春市南关区福祉大路5788号）
电　　话	0431-81629667
印　　刷	鸿鹄（唐山）印务有限公司

ISBN 978-7-5534-5663-8　　定　价　45.00元

如发现印装质量问题，影响阅读，请与出版社联系调换。